Fra Ammas hjerte

Samtaler med
Sri Mata Amritanandamayi

Mata Amritanandamayi Center, San Ramon
Californien, Forenede Stater

Fra Ammas hjerte:
Samtaler med Sri Mata Amritanandamayi
Oversat til engelsk og skrevet af Swami Amritaswarupananda

Udgivet af:
Mata Amritanandamayi Center
P.O. Box 613
San Ramon, CA 94583
Forenede Stater

——————— *From Amma's Heart (Danish)* ———————

Første udgave af Mata Amritanandamayi Center: april 2016

Danmark:
info@amma-danmark.dk
www.amma-danmark.dk

Indien:
inform@amritapuri.org
www.amritapuri.org

Til
Vor elskede Amma
Vor kilde til al skønhed og kærlighed
For Hendes Lotusfødder
Lægges denne bog

Indholdsfortegnelse

Aum Amriteshwaryai Namah

Forord

Uden verbal kommunikation ville den menneskelige tilværelse være uudholdelig. At udveksle ideer og dele følelser er simpelthen en del af livet.

Men når det er sagt, så er det den stilhed, som vi finder i bøn og meditation, som virkelig hjælper os til at finde sand fred og lykke i en støjende verden med dens uforenelige modsætninger og indbyrdes konkurrence.

I den almindelige hverdag, hvor mennesker konstant befinder sig i situationer med verbal kommunikation, er det vanskeligt at blive ved med at være stille. Og selvom vi er på stille steder, er det ikke nemt at blive ved med at være stille. Det kan endog drive almindelige mennesker til vanvid. Men hvorom alting er, så er denne lyksalige stilhed sand natur hos guddommelige personligheder som Amma.

Jeg har ofte, når jeg har iagttaget Amma i forskellige situationer sammen med mennesker fra hele verden, set den ynde og fuldkommenhed, med hvilke hun skifter fra en bevidsthedstilstand til en anden. Det ene øjeblik er Amma den højeste spirituelle mester, og det næste den medfølende moder. Det ene øjeblik går hun ind i et barns bevidsthedstilstand, det næste er hun som en administrator. Lige efter at have rådgivet topledere, prisvindende videnskabsmænd og ledere på verdensplan, rejser hun sig og går til hallen, hvor hun skal give darshan, og hvor hun modtager og trøster tusindvis af sine børn fra alle grene af samfundet. Amma tilbringer hele sin dag og det meste af natten med at trøste sine børn, lytte til dem og tørre tårer bort, mens hun indgiver dem tro, tillid og styrke. Under alt forbliver hun forankret i den ophøjede bevidsthedstilstand, som er så naturlig for hende. Hun bliver aldrig træt.

Hun beklager sig aldrig. Hendes ansigt stråler i et lysende smil. Amma, den helt usædvanlige i et helt almindeligt menneskes skikkelse, vier hvert eneste øjeblik af sit liv til at hjælpe andre.

Hvad er det, der gør Amma så forskellig fra os? Hvad er hemmeligheden? Hvor kommer hendes uendelige energi og kraft fra? Ammas tilstedeværelse giver svaret helt klart og konkret. Hendes ord bekræfter det: "Dine ords skønhed, dine handlingers charme, dine bevægelsers dragende kraft, alle afhænger de af den stilhed, du danner i dig. Mennesker har evnen til at gå dybere og dybere ind i den stilhed. Jo dybere du går, jo nærmere kommer du uendeligheden."

Denne dybe stilhed er selve kernen i Ammas væren. Ubetinget kærlighed, ufattelig tålmodighed, utrolig ynde og renhed – alt hvad Amma rummer, udstråler den umådelige stilhed, som hun hviler i.

Der var engang, hvor Amma ikke ville tale som hun gør i dag. Når Hun blev spurgt om grunden hertil, svarede Hun: "Selvom Amma ville tale, ville I ikke forstå noget." Hvorfor? Fordi vi på grund af vor uvidenhed ikke kan forstå den højeste og mest subtile tilstand, som Amma er fast etableret i. Hvorfor taler Amma så? Lad os ty til Ammas egne ord: "Hvis der ikke er nogen til at lede sandhedssøgende mennesker, forlader de måske den spirituelle vej, fordi de opgiver troen på sådan noget som Selv-erkendelse."

Faktisk ville Mahatmas ("Store Sjæle") hellere tie end tale om virkeligheden bagved den objektive tingenes verden. Amma er særdeles bevidst om at Sandheden, når den formidles verbalt, helt uvægerligt vil blive forvansket, og at vort begrænsede, uvidende sind vil tolke på en måde, som forstyrrer vores ego mindst muligt. Alligevel taler denne legemliggørelsen af medfølelse til os, svarer på vore spørgsmål og afklarer vor tvivl, vel vidende at vores sind blot vil fabrikere flere og flere forvirrende spørgsmål. Det er Ammas tålmodighed og ubegrænsede kærlighed til menneskeheden, som får hende til at blive ved med at svare på vore dumme, skeptiske spørgsmål. Og hun holder ikke op før også vores sind bliver stille, hensunket i lyksalighed.

I de samtaler som er samlet i denne bog, går Amma – mestrenes mester – ned på sine børns niveau for at hjælpe os til at få et glimt af den evige, uforanderlige virkelighed, som er kernen bag den omskiftelige verden.

Jeg har samlet disse visdommens perler siden 1999. Næsten alle de samtaler og smukke situationer, som er samlet i denne bog, blev optaget under Ammas rejser i Vesten. Det var, når jeg sad ved siden af Amma, mens hun gav darshan, at jeg lyttede til de søde, guddommelige toner, der kom fra Ammas hjerte, og som hun altid deler med sine børn. At få fat i renheden, enkelheden og dybden i Ammas ord er ikke let. Og helt sikkert hinsides mine evner. Men takket være hendes uendelige medfølelse har jeg været i stand til at optage de følgende ytringer og gengive dem her.

Amma selv og Ammas ord har en dybere dimension end man umiddelbart får øje på – et uendelighedsaspekt som det menneskelige sind ikke kan fatte. Jeg tilstår ærligt min egen uformåenhed til fuldt og helt at forstå og værdsætte den dybere mening bag Ammas ord. Vores sind, som klæber til den banale materielle verden, kan ikke fatte det højeste bevidsthedsplan, som Amma taler fra. Men når det er sagt, så føler jeg, at Ammas ord som er indeholdt i denne bog, er meget usædvanlige og forskellige fra de samtaler med hende, som er trykt i tidligere bøger.

Det har været mit oprigtige ønske at lave et udvalg af Ammas smukke og uformelle samtaler med sine børn. Det arbejde tog mig fire år. De rummer hele universet. Disse ord kommer fra dybderne i Ammas bevidsthed. Og lige under deres overflade finder vi den lyksaligshedsfyldte stilhed – Ammas sande væren. Læs dem med hjertet. At kontemplere og meditere på denne følelse vil få ordene til at frigive deres indre mening.

Kære læser, jeg er sikker på, at indholdet i denne bog vil berige og intensivere din åndelige søgen ved at fjerne din tvivl og rense dit sind.

Swami Amritaswarupananda

15. september 2003

Formålet med livet

Spørgsmål: Amma, hvad er meningen med livet?

Amma: Det afhænger af, hvad du prioriterer som det vigtigste for dig, og hvordan du ser på livet.

Spørgsmål: Mit spørgsmål er hvad det "virkelige" formål med livet er.

Amma: Det virkelige formål er at opleve, hvad der ligger bag vor fysiske eksistens.

Men enhver ser på livet på sin måde. De fleste mennesker ser livet som en konstant kamp for at overleve. De mennesker tror på "at den stærkeste vil overleve." De er tilfredse med den almindelige måde at leve på – f. eks. det at få hus, job, bil, ægtefælle, børn, og penge nok. Sandt nok, det er vigtige ting, og vi skal koncentrere os om vores hverdag og tage os af vores ansvar og forpligtelser, store som små. Men der er mere i livet end det, et højere formål, nemlig det at vide og realisere hvem vi er.

Spørgsmål: Amma, hvad får vi ud af at vide, hvem vi er?

Amma: Alt. En følelse af fuldendthed, hvor vi ikke længere har behov for at opnå noget i livet. Den erkendelse gør livet fuldendt.

Uanset hvad vi har samlet sammen eller kæmper for at få, så føler de fleste mennesker alligevel, at deres liv mangler noget – som i bogstavet "C." Dette hul - eller savn - vil altid være der. Kun spirituel erfaring og erkendelse af Selvet (*Atman*) kan fylde det hul i C'et ud, så det bliver et O. Kun kendskab til "Det" vil få os til at føle os rodfæstede i livets sande centrum.

Spørgsmål: I så fald, hvad så med de verdslige pligter som mennesker skal opfylde?

Amma: Lige meget hvem vi er og hvad vi gør, så bør de pligter vi gør i verden hjælpe os med at nå den højeste dharma: som er at være ét med det universelle Selv. Alle levende væsener er ét, fordi livet er en enhed, og livet har kun ét formål. Men fordi vi identificerer os med krop og sind, tænker vi: "At søge Selvet og opnå erkendelse af Selvet er ikke min dharma. Min dharma er at arbejde som musiker eller skuespiller eller forretningsmand." Det er okay, hvis man synes sådan. Men vi finder aldrig vores egentlige mening med livet, hvis vi ikke leder vores energi mod dets højeste mål, dets dharma.

14

Spørgsmål: Amma, du siger at for ethvert menneske er livets mål Selv-realisation. Men det synes ikke at være sådan, fordi de fleste mennesker ikke opnår denne Selv-realisation og heller ikke synes at stile mod den?

Amma: Det er fordi, de fleste mennesker ikke har nogen forståelse for spiritualitet. Det kaldes også *maya*, denne verdens bedrageriske kraft, som tilslører Sandheden og fremmedgør menneskeheden fra den.

Hvad enten vi ved det eller ej, så er livets sande formål at realisere vor indre guddommelighed. Der er meget du måske ikke ved i din nuværende mentale tilstand. Det er barnligt at sige: "Det eksisterer ikke, fordi jeg ikke ved noget om det." Når situationer og oplevelser udfolder sig, da vil nye og ukendte faser af livet åbne sig, og dette vil føre dig tættere og tættere på dit eget Sande Selv. Det er blot et spørgsmål om tid. For nogle har denne erkendelse måske allerede vist sig, og for andre kan den komme hvad øjeblik, det skal være. Og så er der dem, for hvem det vil ske på et senere tidspunkt. Bare fordi det ikke er sket endnu, eller måske ikke sker i dette liv, så tro ikke, at det aldrig vil ske.

Inden i dig venter en umådelig viden på din tilladelse til at udfolde sig. Men det sker ikke, før du giver lov.

Spørgsmål: Hvem skulle give den tilladelse? Sindet?

Amma: Hele din væren – dit sind, din krop og dit intellekt.

Spørgsmål: Er det et spørgsmål om forståelse?

Amma: Det er et spørgsmål om at forstå og at handle.

Spørgsmål: Hvordan skal vi udvikle den forståelse?

Amma: Ved at udvikle ydmyghed.

Spørgsmål: Hvad er det, der er så godt ved ydmyghed?

Amma: Ydmyghed gør dig modtagelig for alle oplevelser uden at dømme dem. På den måde lærer du mere.

Det er ikke bare et spørgsmål om intellektuel forståelse. Der er mange mennesker i verden, som har mere end tilstrækkelig spirituel viden i hovedet. Men hvem – af alle de mange mennesker – er virkelig spirituelle og arbejder oprigtigt på at nå Målet eller endda prøver på at få en dybere forståelse af hvad spiritualitet går ud på?

Meget få, ikke?

Spørgsmål: Altså, Amma, hvad er så det virkelige problem? Er det mangel på tro eller har vi blot så svært ved at komme ud af hovedet?

Amma: Hvis du virkelig tror, vil du automatisk falde ned i hjertet.

Spørgsmål: Så det er mangel på tro?

Amma: Hvad mener du selv?

Spørger: Jo, det er mangel på tro. Men hvorfor sagde du "falde" ned i hjertet?

Amma: Fysisk set er hovedet den højeste del af kroppen. For at komme derfra ned til hjertet må man falde.Men spirituelt set er det at stige og at nå meget højt.

Vær tålmodig Vær modig – tål!

Spørgsmål: Hvordan får man hjælp af en satguru (sand Mester)?

Amma: For at få hjælp skal du først acceptere, at du er patient og så være tålmodig.

Spørgsmål: Amma, er du vores læge?

Amma: En god læge går ikke rundt og erklærer: "Jeg er den bedste læge. Kom til mig, jeg skal helbrede dig." Selv hvis en patient har den bedste læge, så hjælper behandlingen ikke, hvis han ikke tror fuldt og fast på ham.

Uanset tid og sted så bliver alle operationer, der udføres i livets operationssal, udført af Gud. Du har set, at kirurgen har en maske for ansigtet, når han opererer. På dette tidspunkt kan ingen genkende ham, men lige bagved masken er lægen. På samme måde venter Guds, eller guruens, medfølende ansigt lige under overfladen af alle oplevelser i livet.

Spørgsmål: Amma, finder dine disciple dig hårdhjertet, når du vil fjerne deres ego?

Amma: Når en læge opererer og fjerner en kræftramt del af patientens krop, kalder du det hårdhjertet? Hvis ja, så er Amma også hårdhjertet, så at sige. Men hun vil kun gribe ind i sine børns ego, hvis de selv arbejder med.

Spørgsmål: Hvad gør du for at hjælpe dem?

Amma: Amma hjælper sine børn med at se kræften i egoet – deres indre svagheder og negativitet – og gør det lettere for dem at slippe af med det. Det er sand medfølelse.

Spørgsmål: Anser du dem for dine patienter?

Amma: Det er vigtigere at de selv indser, at de er patienter.

Spørgsmål: Amma, hvad mener du med at disciplen samarbejder?

Amma: Tro og kærlighed.

Spørgsmål: Amma, nu kommer der et dumt spørgsmål, men jeg kan ikke lade være med at stille det. Du må tilgive mig, hvis jeg er for tåbelig.

Amma: Kom med det!

Spørgsmål: Hvor stor en procentdel af dine operationer lykkes?

Amma lo højt og bankede blidt den hengivne oven på hovedet.

Amma: (stadig leende) Søn, heldige operationer er meget sjældne.

Spørgsmål: Hvorfor?

Amma: Fordi de fleste menneskers ego ikke vil tillade dem at samarbejde med lægen. Egoet giver ikke lægen lov til at gøre et ordentligt stykke arbejde.

Spørgeren drillende: Det er dig, der er lægen, ikke?

Amma: (på engelsk) I don't know.

Spørgsmål: Okay Amma, hvad er det helt basale krav til at en operation lykkes?

Amma: Når først patienten ligger på operationsbordet, så er det eneste han kan gøre er at ligge stille, tro på lægen og overgive sig. I dag giver læger narkose for selv små operationer. Ingen har lyst til at opleve smerte. Folk vil hellere være uden bevidsthed end vågne, når de gennemgår noget, der gør ondt. Under lokal bedøvelse eller fuld narkose er patienten uvidende om, hvad der foregår. Men når en sand Mester arbejder på én – på ens ego – så foretrækker han, at man er bevidst om det. Den sande Mesters operation fjerner disciplens kræftramte ego. Hele processen er meget lettere, hvis disciplen holder sig åben og bevidst.

Dharma - ordets
virkelige betydning

Spørgsmål: Der er mange forskellige forklaringer på, hvad *dharma* betyder. Det er meget forvirrende at have så mange forskellige udlægninger af et enkelt ord som dharma. Amma, hvad betyder dharma egentlig?

Amma: Den virkelige betydning af ordet dharma går først op for os når vi oplever Gud som vores kilde og støtte. Det står ikke i nogen bøger.

Spørgsmål: Det er den højeste dharma, ikke? Men hvordan kan vi finde en betydning, som passer til vores dagligdag?

Amma: Det åbenbares for enhver af os, mens vi går igennem livets forskellige oplevelser. For nogle mennesker kommer denne åbenbaring hurtigt, og de finder hurtigt deres rette vej og kurs. For andre er det en langsom proces. De bliver måske nødt til at prøve sig frem, før de når frem til det sted i livet, hvorfra de kan begynde at udføre deres dharma i verden. Det betyder ikke, at det de har gjort hidtil er spildt. Nej, det vil være en værdifuld del af deres erfaringer, og de vil også kunne lære meget af det, forudsat at de bliver ved med at være åbne.

Spørgsmål: Kan et normalt familieliv med dets udfordringer og problemer forsinke eller forhindre ens spirituelle opvågnen?

Amma: Ikke hvis vi holder fast ved erkendelsen af vores Selv som det endelige mål i tilværelsen. Hvis det er vores mål, så vil alle vore tanker og handlinger forme sig på en måde, så de hjælper os med at nå det mål, ikke sandt? Vi vil altid være bevidste om vores sande bestemmelse. En, der rejser fra ét sted til et andet, står måske af toget ved forskellige stoppesteder for at få sig en kop te eller for at spise, men han vil altid stå på toget igen. Og selv under sådanne små pauser er man sig sit egentlige bestemmelsessted bevidst.

Det er ligesådan i livet, måske holder vi mange pauser for at gøre noget andet. Men vi må ikke glemme at stige på toget igen for at fortsætte ad den spirituelle vej, med sikkerhedsbæltet spændt godt fast.

Spørgsmål: "Med sikkerhedsbæltet spændt godt fast?"

Amma: Ja. Når man er oppe at flyve, kan luftlommer danne turbulens, og turen kan engang imellem være noget ujævn. Selv når man kører i bil, kan der ske ulykker.

Så det er altid bedst at tage visse forholdsregler og sikre sig. Ligeledes kan man på den spirituelle rejse ikke udelukke situationer, som kan skabe mentale og emotionelle storme. For at sikre os mod sådanne situationer, skal vi lytte til Satguruen (den sande Mester), være disciplinerede og overholde færdselsreglerne. Dette er sikkerhedsbæltet hvad angår den spirituelle rejse.

Spørgsmål: Så hvilket arbejde vi end udfører, så må det ikke aflede os fra vores højeste dharma, som er erkendelsen af Gud? Amma, er det det, du foreslår?

Amma: Ja, for dem af jer, som ønsker at leve et liv i meditation og fordybelse, bør det længslens bål blive ved med at flamme.

"Dharma" betyder: "det som understøtter" – det som understøtter livet og tilværelsen er *Atman* (Selvet). Så selvom dharma almindeligvis forstås som "ens pligt" eller ens vej i livet, så peger ordet i sidste instans på erkendelsen af vores Selv. I denne betydning kan kun tanker og handlinger, som fremmer vores spirituelle evolution, kaldes dharma.

Handlinger der udføres på det rette tidspunkt, med den rette holdning og på den rette måde er dharmiske. Sansen for den rette handling kan være en støtte i ens mentale renselsesproces. Om du er forretningsmand eller taxachauffør, slagter eller politiker, uanset hvad dit job er, hvis du udfører dit job som din dharma, som et skridt mod moksha (befrielse), så bliver dine handlinger hellige. Det var sådan gopierne (ko-hyrdernes koner) i Vrindavan, som tjente til livets ophold ved at sælge mælk og smør, kom så tæt på Gud, at de til sidst nåede livets mål: Erkendelsen af Selvet.

Kærlighed og kærlighed

Spørgsmål: Amma, hvad er forskellen på kærlighed og Kærlighed?

Amma: Forskellen på kærlighed og Kærlighed er det samme som forskellen mellem mennesket og Gud. Kærlighed er Guds natur, og kærlighed er menneskets natur.

Spørgsmål: Men Kærlighed er jo også menneskets sande natur, ikke?

Amma: Jo, hvis mennesket erkender det som sandt.

Bevidsthed og årvågenhed

Spørgsmål: Amma, hvad er Gud?

Amma: Gud er ren bevidsthed og ren vågenhed.

Spørgsmål: Er bevidsthed og vågenhed det samme?

Amma: Ja, det er det samme. Jo mere vågen man er, jo mere bevidst er man og omvendt.

Spørgsmål: Amma, hvad er forskellen på materie og bevidsthed?

Amma: Det ene er udvendigt, og det andet er indvendigt. Det ydre er materien, og det indre er bevidsthed. Det ydre forandrer sig, og det indre, den iboende *Atman* (Selvet), er uforanderligt. Det er tilstedeværelsen af Atman, som giver alt liv og lys. Atman er selv-lysende, hvilket materien ikke er. Uden bevidstheden forbliver materien i mørket. Men når man først har transcenderet alle forskelle, ser man, at den rene bevidsthed gennemstrømmer alt.

Spørgsmål: "Hinsides alle forskelle", "alt er gennemstrømmet af ren bevidsthed" – Amma, Du giver altid så smukke eksempler. Kan Du give mig et eksempel så meningen bliver mere synlig for mig?

Amma: (med et smil) Tusindvis af sådanne smukke eksempler forhindrer ikke sindet i at gentage de samme spørgsmål. Kun ren erfaring vil fjerne al tvivl. Men hvis et eksempel kan glæde intellektet en smule, så har Amma intet imod det.

Det er som at være i en skov. Når man er i en skov, ser man alle slags træer, planter og slyngplanter i al deres forskellighed. Men hvis man går ud af skoven, begynder at gå bort fra den, og så vender sig om, ser man, at alle de forskellige træer og planter lidt efter lidt forsvinder, indtil man kun ser det hele som en stor skov.

Det er på samme måde med sindet. Når man transcenderer det, så vil dets begrænsninger i form af ubetydelige behov og alle de forskelle, der kommer af følelsen af "jeg" og "du", forsvinde. Så begynder man at opleve alting som ét og samme Selv.

Bevidsthed er altid ren Væren

Spørgsmål: Hvis bevidstheden altid er til stede, er der så et overbevisende bevis på dens eksistens?

Amma: Din egen eksistens er det mest overbevisende bevis på bevidsthedens eksistens. Kan du fornægte din egen eksistens? Nej, for selv din benægtelse er et bevis på at du eksisterer, ikke? Hvis nu nogen spørger dig: "Hej, er du der?" og du svarer: "Nej, jeg er ikke," så er selv dit negative svar et klart bevis på, at du i høj grad er der. Du behøver ikke at påstå det. I samme øjeblik du benægter det, er det bevist. Så *Atman* (Selvet) kan man ikke så meget som benægte eksistensen af .

Spørgsmål: Hvis det er sådan, hvorfor er den oplevelse så så svær at opnå?

Amma: "Det værende" kan kun opleves, når vi er opmærksomme på det. Ellers forbliver det ukendt for os, selvom det eksisterer. Noget, som faktisk eksisterer, har vi længe været uvidende om. Tyngdeloven f. eks. eksisterede før den blev opdaget. En sten, som bliver kastet opad, bliver altid nødt til at komme ned igen. På samme måde er bevidstheden altid til stede i os – nu, i dette øjeblik – men måske er vi ikke klar over det. Faktisk er kun dette nu virkeligt. Men for at opleve det, må vi blive klarsynede, få nye øjne, ja endda en ny krop.

Spørgsmål: "En ny krop"? Hvad mener du?

Amma: Det betyder ikke, at den krop man har forsvinder. Den vil se ligesådan ud, men den vil undergå en subtil forandring, en forvandling. Fordi kun da kan den rumme den evigt-sig-udvidende bevidsthed.

Spørgsmål: Hvad mener du med en bevidsthed, der udvider sig? I *Upanishaderne* står der at det Absolutte er *purnam* ("Helt fyldt op"). Upanishaderne siger: *"Purnamada purnamidam..."* (dette er fuldkomment, hint er fuldkomment...) så jeg kan ikke forstå, hvordan bevidstheden kan ekspandere, når den allerede er fuldkommen?

Amma: Det har du sandelig ret i. Ikke desto mindre gennemgår den spirituelle aspirant en oplevelse af en sig udvidende bevidsthed på det individuelle og fysiske plan. Den samlede sum af *shakti* (guddommelig energi) er selvfølgelig uforanderlig. Skønt der fra et *vedantisk* synspunkt (iflg. hinduistisk filosofi om non-dualisme), ikke er nogen spirituel rejse, er der ikke desto mindre for det enkelte individ en såkaldt rejse mod fuldkommengørelsen. Når man først har nået målet, indser man at hele processen, inklusive rejsen, var en illusion, fordi man altid har været i den tilstand og har aldrig været borte fra den. Men indtil den endelige realisation finder sted, sker der en udvidelse af vågenheden og bevidstheden, alt afhængigt af *sadhaken* (dens spirituelle aspirants) fremskridt.

Et eksempel: Hvad sker der, når du henter vand fra en brønd? Brønden fyldes øjeblikkeligt op fra kilden under den. Kilden bliver ved med at fylde brønden op. Jo mere vand man tager, jo mere vand kommer fra kilden. Så man kan sige, at vandet i brønden "vokser". Kilden er uudtømmelig. Brønden er fuld og vil blive ved med at være fuld, fordi den jo i al evighed er forbundet med kilden. Brønden bliver ved med at være fuldkommen, den bliver ved med at udvide sig.

Spørgsmål: (efter en tænkepause) Det er et malende eksempel, men det lyder kompliceret.

Amma: Ja. Sindet kan ikke fatte det, det ved Amma. Det letteste er det sværeste. Og det nærmeste forekommer at være længst væk. Det vil blive ved med at være en gåde indtil man realiserer Selvet. Det er derfor, *rishierne* (fortidens seere) beskrev Atman som "nærmere end det nærmeste og fjernere end det fjerneste."

Børn, menneskekroppen er et meget begrænset instrument. Det kan ikke rumme den ubegrænsede bevidsthed. Og dog er det ligesom med brønden, at når vi først er blevet forbundet med shakti, den evige kraftkilde, så vil bevidstheden udfolde sig mere og mere i os. Har vi først nået den højeste tilstand af *samadhi* (det højeste stade af væren) begynder forbindelsen mellem sind og krop, mellem Gud og verden at fungere i fuldkommen harmoni. Så er der ingen vækst, intet. Man er ét med bevidsthedens evige hav.

Insisterer ikke på at være noget som helst

Spørgsmål: Amma, påstår du noget om dig selv?

Amma: Påstår hvad?

Spørgsmål: At du er en inkarnation af den Guddommelige Moder eller en fuldt realiseret Mester osv.

Amma: Bliver præsidenten eller statsministeren i et land ved med at erklære: "Ved I hvem jeg er? Jeg er præsidenten/statsministeren" hvor han end er. Nej. De er, hvad de er. Og at sige om sig selv at man er *avatar* (Gud i menneskeform), eller at man er oplyst, involverer egoet. Hvis nogen påstår om sig selv, at han er en inkarnation, en fuldkommen sjæl, så er det i sig selv et bevis på, at han ikke er det.

Fuldkomne Mestre insisterer ikke på sådan noget. De sætter altid et eksempel for verden med deres ydmyghed.

Husk at den oplyste tilstand ikke gør dig til noget særligt. Det gør dig ydmyg.

For at påstå om én selv at man er noget særligt, skal man hverken være Selv-realiseret eller kunne noget særligt. Det eneste man har brug for, er et stort ego og falsk stolthed. Og det har fuldkomne Mestre ikke.

På den spirituelle vej har man brug for en guru

Spørgsmål: Hvorfor mener man, at en *guru* er så uundværlig i spirituel udvikling?

Amma: Hør nu her, fortæl Amma, er der nogen vej eller noget arbejde, hvor det ikke er nødvendigt med en lærer eller vejleder? Hvis man vil lære at køre bil, så har man brug for en erfaren kørelærer. Et barn skal lære at binde sine snørebånd. Og hvordan kan man lære matematik uden en lærer? Selv en lommetyv har brug for en lærer til at undervise sig i kunsten at stjæle. Når lærere er uundværlige i det almindelige liv, er der så ikke endnumere brug for en lærer i spiritualitet, som er så særdeles subtil?

Hvis man skal et sted hen, så køber man måske et kort. Men lige meget hvor grundigt man studerer kortet, hvis man skal et sted hen, hvor man aldrig har været før og som er totalt ukendt for en, så vil man ikke vide noget om det sted før man rent faktisk ankommer. Og landkortet giver heller ikke svar om rejsen selv, om ujævnhederne i vejen, og mulige farer undervejs. Derfor er det bedre at få vejledning af én som har rejst rejsen til ende, én som kender vejen af egen erfaring.

Hvad ved du om den spirituelle vej? Det er en totalt ukendt verden og vej. Måske har du læst dig til viden i bøger eller hørt noget fra andre. Men når det kommer til rent faktisk at gøre det, til selve oplevelsesdelen af det, er en *Satgurus* (den sande Mesters) vejledning saldeles uundværlig.

Ammas velsignelse ved berøring

En dag kom koordinatoren for Ammas Europa-turne hen til Amma med en ung kvinde. Kvinden græd hjerteskærende. "Hun har en meget sørgelig historie at fortælle Amma," fortalte han mig.

Med tårerne strømmende ned ad kinderne fortalte kvinden Amma, at hendes far havde forladt hjemmet, da hun var fem år gammel. Som lille pige plejede hun at spørge sin mor om hans opholdsted. Men moderen havde ikke noget godt at sige om pigens far, fordi forældrenes forhold havde været meget dårligt. Som årene gik, døde den unge kvindes nygerrighed om sin far gradvist hen.

For to år siden – d.v.s. 20 år efter at hendes far forsvandt, døde den unge kvindes mor. Da hun gennemgik sin mors gemmer, fandt hun til sin forbavselse pludselig faderens adresse i en af moderens gamle dagbøger. Snart havde hun held med at finde faderens telefonnummer. Helt ude af stand til at bekæmpe sin ophidselse ringede hun straks til ham. Faderens og datterens glæde kendte ingen grænser. Efter en lang telefonsamtale besluttede de at mødes. Han sagde ja til at køre i bil til den landsby, hvor hun boede, og de blev enige om en dato. Men skæbnen var meget grusom, totalt hensynsløs. På vej hen til sin datter mistede faderen livet ved en ulykke.

Den unge kvindes hjerte var knust. Hospitalet bad hende om at komme og identificere faderen, og hans krop blev overdraget til hendes omsorg. Forestil dig hvor knust den unge kvinde var. Hun havde med stor forventning ventet at se sin far, som hun ikke havde set i 20 år. Og da hun endelig fik ham at se, var det hans lig hun så. For at gøre det endnu værre fortalte lægerne den unge kvinde, at ulykken var sket, fordi faderen havde fået et hjerteanfald under kørslen. Det var muligvis fordi han var så oprevet ved tanken om gense sin datter efter så mange år.

Den morgen, da Amma modtog den unge kvinde, blev jeg vidne til en af de smukkeste og mest bevægende darshans, jeg nogensinde har set. Mens den unge kvinde hulkede, tørrede Amma sine egne tårer bort, som løb ned ad kinderne på hende. Kærligt omfavnede Amma kvinden, alt imens hun holdt kvindens hoved i sit skød, tørrede hendes tårer, kærtegnede og kyssede hende, og sagde kærligt: "Min kære datter, mit barn, græd ikke!" Amma fik kvinden til at føle sig rolig og trøstet. Der var næsten ingen verbal kommunikation mellem dem. Mens jeg var vidne til denne scene, så åben som jeg nu kunne, lærte jeg endnu en vigtig lære om, hvordan et knust hjerte bliver helbredt, og hvordan det sker i Ammas nærhed. Der var en synlig forandring at se i kvinden, da hun gik. Hun forekom meget lettet og afslappet. Da hun skulle til at gå sagde hun henvendt til mig: "Nu hvor jeg har mødt Amma, føler jeg mig let som en blomst."

Amma bruger meget få ord under sådan en intens situation, især hvis det drejer sig om at dele andre menneskers sorg og smerte. Kun tavshed sammen med dyb medfølelse kan spejle andres smerte. Når sådan en situation opstår, taler Amma med øjnene, mens hun deler sit barns smerte og giver udtryk for sin dybe kærlighed, bekymring, deltagelse og omsorg.

Som Amma siger: "Egoet kan ikke helbrede nogen. At snakke højtflyvende filosofi i et opstyltet sprog vil kun gøre mennesker forvirrede. Men et blik eller en berøring fra et menneske uden ego får lige så stille skyerne med smerte og fortvivlelse til at forsvinde fra ens sind. Det er sand healing.

Dødsangst

Spørgsmål: Amma, hvorfor er der så megen angst og smerte forbundet med døden?

Amma: Når man hænger for meget ved kroppen og verden, oplever man angst og smerte ved døden. Næsten alle tror, at døden betyder total udslettelse. Ingen ønsker at forlade verden og forsvinde i intetheden. Men hvis vi er så tilknyttede, kan processen med at give slip på kroppen og verden blive smertefuld.

Spørgsmål: Vil døden blive smertefri, hvis vi overvinder vor tilknytning?

Amma: Hvis man transcenderer sin tilknytning til kroppen, bliver døden ikke blot smertefri, men en oplevelse af lyksalighed. Man kan blive et vidne til kroppens død. En afslappet holdning gør døden til en totalt anderledes oplevelse.

De fleste mennesker dør frygtelig skuffede og frustrerede. Opslugt af dyb sørgmodighed tilbringer de deres sidste dage i angst, smerte og dyb fortvivlelse. Hvorfor?

Fordi de aldrig har lært, hvordan man giver slip og befrier sig for sine meningsløse drømme, begær og tilknytninger. Så bliver alderdommen, især de sidste dage for sådanne mennesker, værre end helvede. Derfor er visdom så vigtig.

Spørgsmål: Får man visdom, når man bliver gammel?

Amma: Det er den almindelige opfattelse. Når man har set og oplevet alt igennem de forskellige livsfaser, så forventer man at visdommen indfinder sig. Men det er ikke så let at opnå det visdoms-niveau, især i dag, hvor mennesker er blevet så selvoptagede.

Spørgsmål: Hvad er den vigtigste egenskab, man skal udvikle for at opnå den slags visdom?

Amma: Et kontemplativt og meditativt liv. Det sætter os i stand til at uddybe vore forskellige livserfaringer.

Spørgsmål: Amma, da størstedelen af menneskeheden hverken er kontemplativ eller meditativ af natur, har de så en reel mulighed for det?

Amma: Det kommer an på, hvor vigtigt det er for én. Husk på at der var en tid, hvor kontemplation og meditation var en uundværlig del af livet. Derfor var der så meget, der kunne lade sig gøre, selvom hverken videnskaben eller teknikken var så udviklet som i dag. Hvad de fandt ud af i gamle dage er stadig grundlaget for, hvad vi gør nu om stunder.

I vor tid er det, som er vigtigst ofte ikke accepteret med den begrundelse, at det er "ugennemførligt". Det er et af kendetegnene ved *Kali Yuga*, materialismens mørke tidsalder. Det er nemt at vække en der sover, men vanskeligt at vække en, der lader som om han sover. Er der nogen mening i at holde et spejl op for en blind? I vor tidsalder foretrækker menneskene at lukke øjnene for Sandheden.

Spørgsmål: Amma, hvad er sand visdom?

Amma: Det som hjælper til med at gøre livet enkelt og smukt er sand visdom. Det er den rette forståelse, som man opnår ved at udvikle den sande skelne-evne. Når man virkelig har integreret den egenskab i sig, så vil det afspejle sig i ens tanker og handlinger.

Menneskeheden i vor tid

Spørgsmål: Hvad er menneskehedens spirituelle niveau i vor tid?

Amma: Generelt er der en mægtig spirituel opvågnen over hele verden. Det er helt sikkert, at mennesker er blevet mere og mere bevidste om behovet for en spirituel måde at leve på. New Age filosofi, yoga og meditation er mere populære i Vesten end nogensinde før, selvom det ikke direkte forbindes med spiritualitet. At dyrke yoga og meditation er blevet moderne i mange lande, især i de højere lag af samfundet. Den grundlæggende forestilling om at leve i harmoni med naturen og i overensstemmelse med spirituelle principper accepteres endog af ateister. Overalt er der en indre tørst og en følelse af, at det haster med en forandring. Dette er helt sikkert et godt tegn.

Men ikke desto mindre er også materialismens indflydelse og materialistiske nydelser i voldsom stigning. Hvis det fortsætter på den måde, kommer der en alvorlig ubalance. Når det drejer sig om materielle glæder bruger folk ikke deres fornuft, og deres måde at omgås disse glæder er ofte uintelligent og destruktiv.

Spørgsmål: Er der noget nyt eller særligt ved vor tidsalder?

Amma: Man kan sige om enhver tidsalder, at den er speciel. Men ikke desto mindre er denne tidsalder noget særligt, fordi vi er meget tæt på en ny kulmination af den menneskelige eksistens.

Spørgsmål: Mener du det? Hvilken kulmination?

Amma: Kulminationen af egoet, mørket og egoismen.

Spørgsmål: Amma, vil du godt gå lidt mere i dybden med det?

Amma: Ifølge rishierne er der fire tidsaldre. Satyayuga, Tretayuga, Dwaparayuga og Kaliyuga. I øjeblikket er vi i Kaliyuga, materialismens mørke tidsalder. Satyayuga var den første tidsalder, hvor kun sandhed og ærlighed herskede. Efter at have gennemlevet de to følgende, Treta og Dwarpara yugas, er menneskeheden nu nået til Kali yuga, den sidste, som vil kulminere i endnu en Satyayuga. Men da vi opholdt os i de mellemste, Treta- og Dwapara- aldrene i en kort tid, gik også der mange smukke værdier, såsom sandhed, medfølelse, kærlighed osv. tabt. Sandhedens og ærlighedens tidsalder, Satyayuga, var en kulmination, Treta og Dwapara tidsaldrene var et mellemstadie, hvor vi stadig havde bibeholdt en smul e *satya* (sandhed) og *dharma* (retfærd). Nu har vi en ny kulmination: af adharma (lovløshed) og *asatya* (usandhed). At lære ydmyghed er det eneste, som kan få mennesket til at erkende det mørke, det i øjeblikket er omgivet af. Dette vil forberede os til at kæmpe for at nå op til lysets og sandhedens tinder.

Lad os håbe og bede til, at mennesker af alle trosretninger og kulturer verden over opnår den indsigt, som er nødvendig for vores tidsalder.

Genvej til Selv-realisation

Spørgsmål: I dag søger mennesker smutveje til alle goder. Er der en genvej til Selv-realisation?

Amma: Det er det samme som at spørge: "Er der en smutvej til mig selv?"

Selv-erkendelse er vejen til dit eget Selv. Så det er så nemt som at tænde for en lyskontakt. Men man skal vide hvilken kontakt man skal tænde for og hvordan, fordi kontakten er skjult inden i én selv. Man kan ikke finde den udenfor én selv nogen steder. Og det er der at man har brug for en Guddommelig Mester.

Døren står altid åben, man skal bare gå igennem.

At gøre spirituelle fremskridt

S pørgsmål: Amma, jeg har mediteret i mange år nu. Alligevel synes jeg ikke rigtig, at jeg gør fremskridt. Gør jeg noget forkert? Tror du, at jeg gør de rigtige spirituelle øvelser?

Amma: Først og fremmest vil Amma gerne vide, hvorfor du synes, at du ikke gør fremskridt. Hvad er dit kriterium for spirituelt fremskridt?

Spørger: Jeg har aldrig haft visioner.

Amma: Hvilke visioner forventer du?

Spørger: Jeg har aldrig set noget guddommeligt blåt lys.

Amma: Hvor fik du den ide om at se et blåt lys fra?

Spørger: En af mine venner fortalte mig det. Jeg har også læst om det i bøger.

Amma: Søn, lad være med at have de unødvendige forestillinger om din sadhana (spi4tuel praksis) og din spirituelle vækst. Det er det, der er i vejen. Dine forestillinger om spiritualitet kan i sig selv blive forhindringer på din vej. Din sadhana er god nok, det er din holdning, der er noget i vejen med. Du venter på, at det guddommelige blå lys skal vise sig for dig. Det mærkelige er, at du overhovedet ikke aner, hvad guddommeligt lys er for noget, og alligevel tror du, det er blåt. Hvem ved, måske har det allerede vist sig, mens du sad og ventede på et særligt guddommeligt, blåt lys. Og hvad nu hvis det Guddommelige besluttede sig til at vise sig som rødt eller grønt lys? Så ville du måske slet ikke opdage det.

Der var en søn, som fortalte Amma, at han ventede på, at et grønt lys ville vise sig under hans meditationer. Så Amma sagde til ham, at han skulle passe på, når han kørte bil, fordi han måske ville overse et rødt lys i den tro, at det var grønt. Sådanne forestillinger om spiritualitet er virkelig farlige.

Søn, at opleve fred i alle situationer er målet for al spirituel praksis. Alt andet, hvad enten det er lys, lyd eller form – kommer og går. Og selvom du skulle få nogle visioner, så er de forbigående. Den eneste varige oplevelse er total fred. Den fred og oplevelse af balance i sindet er sand frugt af et spirituelt liv.

Spørgsmål: Amma, er der noget galt ved at ønske at få sådanne oplevelser?

Amma: Amma siger ikke, at det er forkert. Men lad være med at give dem for meget opmærksomhed, da det virkelig kan forsinke din spirituelle vækst.

Hvis de kommer, så lad dem være. Det er den rette indstilling.

I det spirituelle livs første stadier vil det søgende menneske have en mængde fejlforestillinger og forkerte ideer om spiritualitet på grund af over-ophidselse og lav grad af vågenhed. For eksempel er nogle mennesker helt vildt opsatte på at få visioner af guder og gudinder. Og længselen efter at se forskellige farver er blot endnu et begær. Smukke lyde er en attraktion for mange mennesker. Hvor mange mennesker spilder ikke hele deres liv på at rende efter siddhis (yogiske kræfter)! Der er også mennesker, som er ivrige efter at få omgående samadi (det højeste stade af væren) og moksha (oplysning). Ligesom folk har hørt så mange historier om kundalini (den spirituelle energi der ligger og "sover" ved halebenet) og dens rejsning. En sand spirituelt søgende er aldrig besat af sådanne forestillinger. Disse forestillinger kan meget vel forsinke vort spirituelle fremskridt. Det er derfor, det er så vigtigt at have en klar forståelse og en sund og intelligent holdning til ens spirituelle liv lige fra begyndelsen. Hvis man helt kritikløst lytter til hvem som helst, der hævder at være en Mester og læser bøger uden at være kritisk, øger det kun forvirringen.

Det oplyste sind

Spørgsmål: Hvordan er sindet hos en, der har opnået erkendelse af Selvet?

Amma: Det er tomt.

Spørgsmål: Er det tomt?

Amma: Det er grænseløst.

Spørgsmål: Men Selv-realiserede mennesker er også i samspil med verden. Hvordan er det muligt uden et sind?

Amma: Selvfølgelig "bruger" de sindet for at handle i verden. Men der er en meget stor forskel mellem det almindelige menneskesind, opfyldt af forskellige tanker, som det er, og en Mahatmas sind. Mahatmaen bruger sindet, mens vores sind bruger os. De er ikke beregnende, men spontane. Spontanitet er hjertets natur. Et menneske, som er alt for identificeret med sindet, kan ikke være spontant.

Spørgsmål: Flertallet af menneskene i denne verden er identificeret med deres sind. Mener du i virkeligheden, at de alle af natur manipulerer?

Amma: Nej, der er masser af tidspunkter, hvor mennesker er ét med deres hjerte og deres positive følelser. Når mennesker er venlige, medfølende og hensynsfulde overfor andre, er de mere i deres hjerte end deres sind. Men er det muligt for dem at handle sådan altid? Nej, størstedelen af tiden er mennesker identificeret med deres sind. Det var det Amma mente.

Spørgsmål: Hvis evnen til at være i overensstemmelse med sine positive følelser i hjertet er latent i enhver, hvorfor sker det så ikke oftere?

Amma: Fordi sindet på vores nuværende udviklingstrin er stærkere. For at blive ved med at være tunet ind på hjertets positive følelser, må man styrke sin forbindelse med stilheden i sit spirituelle hjerte og svække ens forbindelse med det støjende sind og dets forstyrrelser.

Spørgsmål: Hvad gør et menneske i stand til at handle spontant og åbent?

Amma: Mindre indblanding fra egoet.

Spørgsmål: Hvad sker der, når egoets indblanding bliver dæmpet?

Amma: Så bliver man overvældet af en intens længsel dybt indefra. Selvom du har beredt jordbunden for at det kan ske, vil der ikke være nogen beregnende impuls eller initiativ til stede, når det faktisk sker. En sådan handling, eller hvad det måtte være, bliver uendeligt smuk og fyldestgørende. Andre vil også blive tiltrukket af, hvad man har gjort på det tidspunkt. I sådanne øjeblikke er man mere i sit hjerte, i det øjeblik er man nærmere sit sande væsen.

I virkeligheden kommer sådanne øjeblikke fra det hinsides – hinsides sind og intellekt. Pludselig svinger man på uendelighedens bølgelængde, og så kan man tappe den universelle energi-kilde.

Fuldkomne Mestre vil altid være i denne tilstand af spontanitet, og de skaber den situation for andre også.

Afstanden mellem Amma og os

Spørgsmål: Amma, hvor stor er afstanden mellem os og dig?

Amma: Ingen og uendeligt stor.

Spørgsmål: Ingen og uendeligt stor?

Amma: Ja, der er absolut ingen afstand mellem jer og Amma. Men samtidig er afstanden også uendelig.

Spørger: Det lyder som et paradoks.

Amma: Det er sindets begrænsninger, der får det til at lyde som et paradoks. Det vil det blive ved med, indtil I når det endelige stadium af Selv-erkendelse. Ingen forklaring, uanset hvor intelligent og logisk den måske lyder, vil fjerne det paradoks.

Spørger: Jeg forstår, at mit sind er begrænset. Men jeg forstår alligevel ikke, hvorfor det skulle være så paradoksalt og så mangetydigt. Hvordan kan det være intet og uendeligt på samme tid?

Amma: Frem for alt, min datter, så er dit sinds begrænsninger endnu ikke gået op for dig. At virkelig forstå hvor lille sindet er, er at forstå Guds, det Guddommeliges storhed. Sindet er en tung byrde. Når du først har forstået det fuldt ud, indser du det meningsløse i at bære rundt på denne tunge byrde, vi kalder sindet. Så kan du ikke bære på den mere. Den indsigt hjælper dig med at give slip på den.

Datter, så længe du stadig er uvidende om den indre guddommelighed, er afstanden uendelig. Men lige så snart erkendelsen finder sted, så går det også op for dig, at der aldrig har været nogen afstand.

Spørger: Det er umuligt for intellektet at forstå hele processen.

Amma: Datter, det er et godt tegn. Du er i det mindste enig i, at det er umuligt for intellektet at forstå hele den såkaldte proces.

Spørgsmål: Betyder det, at der aldrig har været nogen sådan proces?

Amma: Lige præcis. For eksempel en mand der er født blind, har han nogen som helst viden om lyset? Nej, manden kender kun til mørke, en verden der er totalt forskellig fra den verden, som de, der kan se, oplever.

Lægen siger til ham: "Hør her, du kan få dit syn, hvis du underkaster dig en operation. Der skal nogle ændringer til."

Hvis manden går med til operationen, som anvist af lægen, så forsvinder mørket hurtigt og lyset kommer ind, ikke også? Men hvor kommer så lyset fra, et eller andet sted udefra? Nej, evnen til at se har hele tiden ventet inden i manden. På samme måde, når du korrigerer dit indre syn gennem spirituel praksis, så vil den rene viden stråle med det lys, som har ventet i dig på at bryde igennem.

Ammas måde

Amas måde at håndtere en situation på er helt enestående. Belæringerne kommer uden varsel, og de har altid en usædvanlig "duft".

Under formiddags-darshan kom en deltager i et retreat med en anden kvinde, som ikke havde anmeldt sig som deltager i retreatet. Jeg lagde mærke til den nye og informerede Amma. Men Amma ignorerede mig totalt og fortsatte med darshan.

Jeg tænkte: "Okay, Amma har travlt, men jeg holder øje med den ubudne gæst." Så skønt min *seva* (uselvisk tjeneste) hovedsageligt var at oversætte de hengivnes spørgsmål for Amma, så valgte jeg det som mit bijob i de næste par minutter at holde alle den ubudne gæsts bevægelser under nøje observation. Hun klæbede til den Amma-hengivne, der havde taget hende med, så mine øjne fulgte dem, hvor de end gik. Samtidig gav jeg Amma løbende kommentarer om deres bevægelser. Selvom Amma ikke hørte efter, så anså jeg det for min pligt alligevel.

Så snart de havde stillet sig op i køen for dem med "særlige behov", fortalte jeg Amma det med begejstring i stemmen. Men Amma fortsatte roligt med at give darshan.

I mellemtiden kom et par hengivne hen til mig. En af dem pegede på den ubudne gæst og sagde: "Kan du se den dame? Hun er mærkelig. Jeg hørte hende sige noget, hun er meget negativ. Jeg synes ikke, det er klogt at beholde hende inde i salen." Den anden hengivne spurgte alvorligt: "Spørg Amma, hvad vi skal stille op med hende, smide hende ud?"

Efter mange forgæves forsøg lykkedes det mig at få Ammas opmærksomhed. Til sidst så hun op og spurgte: "Hvor er hun?"

Vi var alle tre henrykte. Vi tænkte – eller rettere jeg tænkte – at Amma snart ville sige de tre ord, som vi længtes så utålmodigt efter at høre fra hende. "Smid hende ud."

Da vi hørte Amma spørge: "Hvor er hun?" pegede vi alle tre på det sted, hvor den kvinde, der ikke havde tegnet sig for retreatet, sad. Amma tog hende i øjesyn. Og nu ventede vi bare på den endelige dom. Men Amma vendte sig om mod os og sagde: "Hent hende." Vi var ved at falde over hinanden for at hente kvinden.

Så snart kvinden var tæt på darshan-stolen, rakte Amma sine arme ud og med et venligt smil sagde hun: "Kom, min datter." Den fremmede faldt helt spontant i Ammas arme. Mens vi så til, fik damen den smukkest tænkelige darshan. Amma tog varsomt kvinden ind til sin skulder og strøg blidt hendes ryg. Bagefter tog Amma hendes hoved i sine hænder og så hende dybt i øjnene. Tårerne løb ned ad kinderne på kvinden, og Amma tørrede dem kærligt bort med sine hænder.

Ude af stand til at beherske vores tårestrøm, stod vi, mine to "kolleger" og jeg, totalt smeltede bag ved darshan stolen.

Så snart damen gik, så Amma på mig med et smil og sagde: "Du spildte så meget af din energi her til morgen." Fuld af ærbødighed så jeg på Ammas lille skikkelse, mens hun fortsatte med at lade fryd og velsignelser strømme ned over sine hengivne. Selvom jeg ikke kunne få et ord frem, huskede jeg i det øjeblik Ammas smukke ord: "Amma er som en flod. Hun flyder bare. Nogle mennesker bader i den flod. Andre stiller deres tørst ved at drikke af dens vand. Der er mennesker der kommer og svømmer og nyder vandet. Men der er også mennesker som spytter i det. Hvad der end sker, så accepterer floden alt og bliver ved med at flyde, helt uanfægtet, og omfavner alle der kommer til den."

Og med denne oplevelse havde jeg fået endnu en overrumplende situation i Ammas, den store Mesters nærhed.

Ingen ny sandhed

Spørgsmål: Amma, tror du at menneskeheden har brug for en ny sandhed for at vågne op?

Amma: Menneskeheden har ikke brug for en ny sandhed. Den har brug for at opdage den sandhed, vi allerede har. Der er kun én sandhed. Inden i os alle lyser sandheden altid. Denne ene og eneste sandhed kan hverken være ny eller gammel. Den er altid den samme, uforanderlig, evigt ny. At bede om en ny sandhed svarer til at en elev i børnehaveklassen spørger læreren, "Nu har du fortalt os så længe, at to og to er fire. Det er blevet noget slidt. Hvorfor kan du ikke sige noget nyt, såsom at to og to er fem i stedet for fire?" Sandheden kan ikke ændres. Den har altid været der og har altid været én og samme sandhed.

I dette nye årtusind vil vi se megen spirituel opvågning, både i øst og i vest. Det er så sandelig, hvad vor tid har brug for. Den stigende mængde videnskabelig viden, som menneskeheden har erhvervet, må føre os til Gud.

Sandhed

S pørgsmål: Amma, hvad er Sandhed?

Amma: Sandhed er det som er evigt og uforanderligt.

Spørgsmål: Er sandfærdighed Sandhed?

Amma: Sandfærdighed er blot en egenskab, ikke Sandheden, den højeste virkelighed.

Spørgsmål: Er den egenskab ikke også en del af Sandheden, den højeste virkelighed?

Amma: Jo, ligesom alt er en del af Sandheden, den højeste virkelighed, er sandfærdighed også en del af Sandheden.

Spørgsmål: Hvis alt er en del af den højeste Sandhed, så er ikke bare gode egenskaber, men også dårlige egenskaber en del af den, ikke?

Amma: Jo, men, min datter, du lever stadigvæk på jorden og har endnu ikke nået disse højder.

Forestil dig, at du skal op og flyve for første gang. Indtil du går om bord i flyet, har du ingen som helst forestilling om det at flyve. Du ser dig omkring, og du ser mennesker, der taler og råber. Der er bygninger, træer, køretøjer kører omkring, der er lyden af grædende børn og så videre. Efter nogen tid kommer du op i flyet. Så starter flyet og stiger langsomt højere og højere. Når du så kigger ned, ser du alting blive mindre og mindre, og til sidst er alt blevet et stort hele. Til sidst forsvinder alt og du er omgivet af det åbne rum.

Det er ligesådan med dig, barn, du er stadig på jorden og er endnu ikke steget ombord i flyveren. Du bliver nødt til at acceptere, tilegne og udøve de gode egenskaber og afvise de dårlige. Når du først har nået realisationen, vil du opleve alt som ét.

Et råd i én sætning

Spørgsmål: Amma kan du give mig et råd i én sætning om at få fred i sindet?

Amma: Permanent eller forbigående?

Spørger: Permanent, selvfølgelig.

Amma: Find dit Selv (Atman).

Spørger: Det er for svært at forstå.

Amma: Okay, så elsk alle.

Spørgsmål: Er det to forskellige svar?

Amma: Nej, kun ordene er forskellige. At finde sit Selv og at elske alle lige meget er fundamentalt én og samme sag, det ene fører til det andet. (Amma, leende) Min søn, det er allerede mere end én sætning.

Spørger: Undskyld, Amma, jeg er dum.

Amma: Det er okay, glem det. Men vil du fortsætte?

Spørger: Ja, Amma. Udvikler fred, kærlighed og sand lykke sig sideløbende med vor spirituelle praksis? Eller er de bare slutresultatet?

Amma: Begge dele. Men det er først, når vi genforenes med vort indre Selv, at cirklen sluttes og den totale fred indfinder sig.

Spørgsmål: Hvad mener du med "cirklen"?

Amma: Den cirkel der består af vor indre og ydre eksistens, oplysningens tilstand.

Spørger: Men skrifterne siger, at cirklen allerede er fuldkommen. Hvis cirklen allerede er fuldkommen, hvorfor så den snak om at slutte den?

Amma: Selvfølgelig er det en fuldkommen cirkel. Men det er de fleste mennesker ikke klar over. For dem er der et hul, der skal fyldes. Og det er i forsøget på at fylde det hul, at ethvert menneske render rundt efter opfyldelse af forskellige behov, krav og begær.

Spørger: Amma, jeg har hørt, at når man har realiseret det højeste bevidsthedsniveau, så er der ikke noget der hedder "indre" eller "ydre" eksistens.

Amma: Rigtigt, men det er kun dem, der er fuldt etableret i den tilstand, der oplever det.

Spørgsmål: Vil det hjælpe at forstå den tilstand intellektuelt?

Amma: Hjælpe med hvad?

Spørger: Med at få et glimt af den tilstand?

Amma: Nej, en intellektuel forståelse er kun en tilfredsstillelse for intellektet. Og selv den tilfredsstillelse er kun midlertidig. Du vil måske tro, at du har forstået det, men snart indfinder tvivl og spørgsmål sig igen. Din forståelse er baseret udelukkende på begrænsede ord og forklaringer, de kan ikke give dig en oplevelse af det ubegrænsede.

Spørgsmål: Hvad er så den bedste måde?

Amma: At arbejde hårdt indtil overgivelsen sker.

Spørgsmål: Hvad mener du med at "arbejde hårdt"?

Amma: Amma mener, at man tålmodigt skal gøre tapas. Kun hvis man udfører tapas, er man i stand til at være i nuet.

Spørgsmål: Er det *tapas* at sidde og meditere i mange timer?

Amma: Det er kun en del af det. Virkelig tapas vil sige at udføre enhver tanke eller handling på en sådan måde, at det hjælper os med at blive ét med Gud, eller Selvet. Det er tapas.

Spørgsmål: Hvad er det så - helt nøjagtigt?

Amma: Det er at ofre sit liv til at blive ét med Gud.

Spørger: Jeg er lidt forvirret.

Amma (med et smil): Ikke lidt – du er meget forvirret.

Spørger: Du har ret. Men hvorfor?

Amma: Fordi du tænker alt for meget over spiritualitet og tilstanden hinsides sindet. Hold op med at tænke og brug den energi til at gøre, hvad du kan. Det vil give dig oplevelsen – eller i det mindste et glimt – af den virkelighed.

Brug en tidsplan

Spørgsmål: Amma, du siger, at man skal have en daglig disciplin, såsom en timeplan, og holde sig til den så meget som muligt. Men, Amma, jeg har en lille baby. Hvad nu hvis mit barn græder, når jeg skal til at meditere?

Amma: Det er enkelt. Tag dig først af dit barn og så mediter. Hvis du vælger at meditere og ignorere barnet, så mediterer du kun på barnet og ikke på Selvet eller Gud.

At følge en tidsplan vil helt sikkert være godt i begyndelsesstadiet. Men en sand sadhak (spirituelt søgende) bør udøve disciplin hele tiden, dag og nat.

Nogle mennesker har den vane at drikke kaffe, så snart de står op. Og hvis de en dag ikke får kaffen på netop det tidspunkt, så har de det elendigt. Måske er hele deres dag ødelagt, med mavepine, forstoppelse og hovedpine som resultat. På samme måde bør også meditation, bøn, gentagelse af ens mantra blive en uadskillelig del af en *sadhaks* liv. Hvis du så ikke gør det, vil du føle savnet dybt inde. Deraf opstår så længslen efter aldrig at springe det over.

Egne anstrengelser

Spørgsmål: Amma, der er mennesker, der siger, at fordi vores sande natur er Atman, er det ikke nødvendigt at udføre spirituel praksis. De siger: "Jeg er Det, den absolutte bevidsthed, så hvorfor gøre sadhana (spirituel praksis), hvis jeg allerede er Det?" Mener du, at sådanne mennesker er oprigtige?

Amma: Amma har ikke lyst til at sige, om disse mennesker er oprigtige eller ej. Men Amma føler, at sådanne mennesker enten foregiver at være Det, eller også ligger de under for en illusion, eller også er de dovne. Amma vil gerne vide om disse mennesker siger: "Jeg behøver ikke spise eller drikke, for jeg er jo ikke kroppen"?

Hvad hvis de bliver ført ind i en spisestue, med bordet dækket med nogle tallerkener, men der hvor der skulle være et overdådigt måltid, er der kun et stykke papir, hvor der står skrevet: "Ris" eller "Dampede grønsager" eller "sød budding" og så videre. Vil disse mennesker kunne forestille sig, at de har spist af hjertens lyst, og at deres sult er helt forsvundet?

Træet gemmer sig i frøet. Men hvis frøet er egoistisk og siger: "Jeg bøjer mig ikke for denne jord, jeg er et træ, jeg behøver ikke at komme ned i den snavsede muld." Hvis det er frøets holdning, så spirer det simpelthen ikke, spiren kommer ikke ud, og det bliver aldrig til et træ, der giver andre skygge og frugter. Bare fordi et frø tror, at det er et træ, så sker der ikke noget. Så fortsætter det blot med at være et frø. Altså, vær et frø og vær villig til at falde ned på jorden og komme ned under jordoverfladen. Så tager jorden sig af frøet.

Nåde

Spørgsmål: Amma, er det nåde der til syvende og sidst afgør alt?

Amma: Nåden er den faktor, som giver det rigtige resultat på det rigtige tidspunkt i det rette forhold til din indsats.

Spørger: Selv hvis man giver sig totalt hen til sin opgave, vil det endelige resultat så afhænge af, hvor megen nåde der kommer til en?

Amma: Hengivelse til opgaven er det væsentligste aspekt. Jo mere du hengiver dig, jo mere åbner du dig. Jo mere åben du er, jo mere kærlighed oplever du. Jo mere kærlighed du har, jo mere nåde oplever du.

Nåde er åbenhed. Det er den spirituelle styrke og den intuitive indsigt, som du kan opleve, mens du udfører en opgave. Ved at være åben i en bestemt situation giver du slip på dit ego og dine snæversynede synspunkter. Dette transformerer dit sind, så det bliver en bedre kanal for shakti (guddommelig energi). Denne strøm af shakti og dets udtryk i vore handlinger er nåde.

Man kan være en fantastisk sanger. Men mens man er på scenen, bør man åbne op for musikkens shakti og lade den flyde igennem sig. Så kommer nåden og hjælper sangeren med at henrykke hele publikum.

Spørgsmål: Hvor er nådens kilde?

Amma: Nådens virkelige kilde er i dig. Men så længe du ikke har opdaget det, synes den at komme fra det hinsides.

Spørger: Fra det hinsides?

Amma: Med "hinsides" mener Amma, at dens udspring er skjult for dig i din nuværende mentale tilstand. Når en sanger synger fra hjertet, er han/hun i kontakt med det guddommelige, det hinsides. Hvor kommer det hjertegribende ved musikken fra? Du svarer måske. "Fra struben eller hjertet" Men hvis du ser derind, ser du det så? Nej, for det kommer fra det hinsides. Og den kilde er guddommelig. Når du når den oplyste tilstand, så vil du finde den kilde i dig selv.

Sannyas: Hinsides
alle forestillinger

Spørgsmål: Hvad vil det sige at være en rigtig *sannyasin*?

Amma: En sand sannyasin er et menneske, som har transcenderet alle sindets begrænsninger. I øjeblikket er vi hypnotiseret af vort sind. I sannyas-tilstanden er vi sluppet helt og aldeles ud af hypnosens greb. Så vågner vi op som fra en drøm – som en dranker fra sin rus.

Spørgsmål: Betyder sannyas også at nå Guddommelighed?

Amma: Amma vil hellere forklare det på denne måde: sannyas er en tilstand, hvor man er i stand til at skue og tilbede hele skabelsen som Gud.

Spørgsmål: Er ydmyghed tegn på, at man er en rigtig sannyasin?

Amma: En sannyasin kan ikke defineres så snævert. Han/hun er hinsides. Hvis man siger at den og den person er så og så ydmyg og naturlig, så er der stadigvæk "nogen", der føler sig ydmyg og naturlig. I sannyas-tilstanden forsvinder denne "nogen", som er egoet. Normalt er ydmyghed det modsatte af overlegenhed, kærlighed det modsatte af had. Men en sand sannyasin er hverken ydmyg eller overlegen, han eller hun hverken elsker eller hader. Én som har nået sannyas er hinsides alting. Han eller hun har intet at vinde eller tabe mere. Når vi kalder en ægte sannyasin "ydmyg", så betyder det ikke bare fravær af arrogance, men også fravær af et ego overhovedet.

En eller anden spurgte en Mahatma: "Hvem er du?"

"Jeg er ikke" kom svaret.

"Er du Gud?"

"Nej, jeg er ikke."

"Er du helgen eller vis?"

"Nej, jeg er ikke."

"Er du ateist?"

"Nej, jeg er ikke."

"Hvem er du så?"

"Jeg er, hvad jeg er. Jeg er ren bevidsthed."

Sannyas er tilstanden af ren bevidsthed.

Det guddommelige spil
mellem himmel og jord

Scene I: Air India flyet til Dubai er lige lettet. Besætningen er ved at gøre klar til den første servering af læskedrikke. Pludselig rejser den ene passager sig efter den anden og går i procession hen imod Business Class. Uden at forstå hvad der foregår, beder den forurolige besætning passagererne om at sætte sig på deres pladser. Da de indser, at det overhovedet ikke har nogen virkning, beder de til sidst alle passagererne indtrængende om at samarbejde, indtil de har serveret maden.

"Vi vil til darshan hos Amma" råber passagererne.

"Vi har forstået", svarer besætningen. "Men vil I ikke godt være så venlige at bære over med os, til vi er færdige med at servere?"

Så giver passagererne op, bøjer sig for besætningens bønner og går tilbage til deres pladser.

Scene II: Serveringen er forbi. Stewarden og stewardesserne træder til som forbigående kø-kontrollører og styrer darshan-køen, som trægt bevæger sig hen imod Ammas plads. På grund af den pludseligt opståede situation er der ikke uddelt darshan-numre. Ikke desto mindre gør besætningen et godt stykke arbejde.

Scene III: Efter Ammas darshan ser passagererne nu afslappede og lykkelige ud. De slår sig ned i deres sæder. Men nu kommer hele mandskabet, inklusive pilot og anden-pilot, og stiller op. De har selvfølgelig ventet til det blev deres tur. Hver eneste af dem får et moderligt knus af Amma og hviskede ord fulde af kærlighed og nåde, et uforglemmeligt, strålende smil og prasad, (en velsignet gave) fra Amma.

Scene IV: Scenen gentager sig på hjemturen.

Sympati og medfølelse

Spørgsmål: Amma, hvad er sand medfølelse?

Amma: Sand medfølelse er evnen til at se og kende det hinsides. Kun de, der har den evne, kan give sand hjælp og opløfte andre.

Spørgsmål: Hinsides hvad?

Amma: Hinsides kroppen og sindet, hinsides den ydre fremtoning.

Spørger: Amma, hvad er så forskellen mellem sympati og medfølelse?

Amma: Medfølelse er virkelig hjælp, som du modtager fra en rigtig Mester. Mesteren ser hinsides. Men sympati er kortvarig hjælp, som du får fra mennesker omkring dig. Sympati kan ikke gå under overfladen og nå hinsides. Medfølelse er den dybere forståelse af en person med en større viden om hans/hendes situation og om hvad han/hun virkelig har brug for. Sympati er mere overfladisk.

Spørgsmål: Hvordan skelner man mellem de to?

Amma: Det er svært, men Amma vil give dig et eksempel. Det er ikke ualmindeligt for kirurger at give deres patienter besked på at stå op og gå lidt omkring på anden eller tredje dagen, selv efter større operationer. Hvis patienten gør modstand, så vil en god læge, der kender følgerne, altid tvinge patienten til at stå op og gå. Ved synet af patientens smerter og anstrengelser udbryder familien måske derimod: "Sikke en grusom læge! Hvorfor tvinger han ham til at gå, når han ikke vil? Det er for meget!"

I dette eksempel kan familiens reaktion kaldes sympati og lægens holdning medfølelse. I dette tilfælde, hvem hjælper så virkelig patienten, lægen eller familien? Hvis patienten tænker: "Den læge dur ikke til noget. Hvem tror han, han er, sådan som han kommanderer med mig? Hvad ved han om mig? Så lad ham bare snakke, jeg hører ikke efter." Sådan en holdning hjælper ikke patienten.

Spørgsmål: Kan sympati skade et menneske?

Amma: Hvis vi ikke passer på og viser vores sympati uden øje for de mere subtile aspekter af en særlig situation og et menneskes mentale disposition, ja, så kan det være skadeligt. Det er farligt, hvis mennesker tillægger sympatisk tale for stor betydning.

Det kan endog blive en besættelse, som langsomt undergraver ens kritiske skelneevne ved at bygge en kokonagtig verden op omkring en. Måske føler de sig trøstet, men gør sig måske ingen umage for at komme ud af deres situation. Uden at have en mesters indsigt bevæger de sig måske dybere og dybere ned i mørket.

Spørger: Amma, hvad mener du med "kokonagtig verden"?

Amma: Amma mener, at man mister sin evne til at gå dybere ind i sig selv og se, hvad der virkelig foregår. Så lægger man for meget vægt på det andet menneskes ord og stoler blindt på, hvad han eller hun siger uden egentlig at bruge sin egen kritiske sans.

Sympati er overfladisk kærlighed, uden viden om kernen af problemet. Medfølelse derimod er kærlighed som ser den virkelige kilde til problemet og handler ud fra det.

Sand kærlighed er en tilstand af total frygtløshed

Spørgsmål: Amma, hvad er sand kærlighed?

Amma: Sand kærlighed er en tilstand af total frygtløshed. Frygt hænger uløseligt sammen med sindet. Derfor er frygt uforenelig med ægte kærlighed. Efterhånden som kærligheden tager til i dybde, så svinder frygten lige så stille.

Frygt kan kun trives, hvis du identificerer dig med krop og sind. At transcendere sindets svagheder og at leve i kærlighed er guddommelighed. Jo mere kærlighed du har, jo mere guddommelighed udtrykker du. Jo mindre kærlighed du har, jo mere frygt har du og jo mere fjerner du dig fra livets centrum. Frygtløshed er faktisk en af de fineste egenskaber hos et sandt, kærligt menneske.

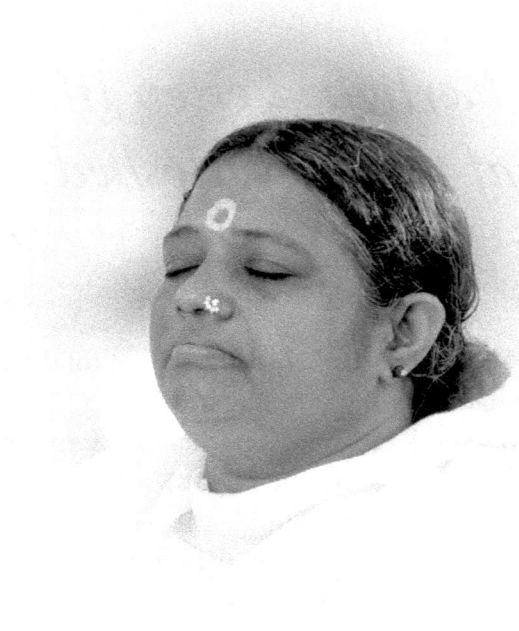

Rigtigt og forkert

Spørgsmål: Det anses for vigtigt for den spirituelle udvikling at tilstræbe renhed og andre moralske værdier. Men der er også New Age-guruer, som benægter, at det er nødvendigt. Hvad er din mening, Amma?

Amma: Det er helt rigtigt, at moralske værdier spiller en stor rolle i det spirituelle liv. Enhver vej – hvad enten den er spirituel eller materiel – har sine regler om ret og uret. Medmindre man følger de foreskrevne regler, er det svært at opnå det ønskede resultat. Jo mere subtilt slutresultatet er, jo mere intens vil vejen dertil være.

Spirituel realisation er det mest subtile af alle oplevelser. Derfor er reglerne og betingelserne for at nå den så strenge.

En patient må ikke spise og drikke, hvad han har lyst til. Afhængigt af sygdommen er der regler for, hvad han må spise og hvor meget han må bevæge sig. Hvis han ikke respekterer det, kan det influere helbredelsesprocessen. Tilstanden kan endog forværres, hvis han ikke følger anvisningerne. Det er klogt, hvis patienten spørger: "Er det virkeligt nødvendigt, at jeg retter mig efter de regler og forbud?" Der er musikere, som øver sig 18 timer om dagen for at nå det fuldkomne på deres instrument. Hvad dit speciale end er - spiritualitet, videnskab, politik, sport eller kunst – så er din holdning til opgaven, den mængde tid du bruger på at nå dit mål, hvor oprigtig du er og hvor meget du følger de væsentlige principper, helt afgørende for din succes og fremgang.

Spørgsmål: Altså er renhed den helt afgørende faktor for at nå målet?

Amma: Det kan være renhed - eller kærlighed, medfølelse, tilgivelse, tålmodighed eller udholdenhed. Tag blot en af disse egenskaber og dyrk den med den allerstørste tro og optimisme. Så følger andre egenskaber helt automatisk efter. Det handler om at gå hinsides sindet.

Amma – en gave til verden

Spørgsmål: Amma, hvad forventer du af dine disciple?

Amma: Amma forventer ikke noget af nogen. Amma har skænket sig selv til verden. Når du først har givet dig selv, hvordan kan du så forvente noget fra nogen? Alle forventninger opstår i egoet.

Spørgsmål: Men Amma, du taler meget om at overgive sig til guruen. Er det ikke en forventning?

Amma: Helt rigtigt, Amma taler om det, men det er ikke, fordi Amma forventer overgivelse af sine børn, men fordi det er det springende punkt i det spirituelle liv. Guruen giver sine disciple alt hvad han eller hun har. Da Satguruen (den fuldkomne Mester) er en sjæl, der har overgivet sig fuldstændigt, så er det denne overgivelse som selve Satguruens tilstedeværelse tilbyder sine disciple og belærer dem om. Det sker spontant. Afhængigt af hvor moden og indsigtsfuld en discipel er, vil han eller hun acceptere eller afvise dette nærvær. Uanset hvad disciplen gør, bliver Satguruen ved med at give, kan ikke gøre andet.

Spørgsmål: Hvad sker der, når en discipel overgiver sig til en Satguru?

Amma: Ligesom et lys kan tændes ved en stor flamme, kan disciplen også blive det lys, der viser vej i verden. Disciplen bliver selv en Mester.

Spørgsmål: Hvad medvirker mest til den proces? Mesterens form eller hans eller hendes formløse aspekt?

Amma: Begge dele. Den formløse bevidsthed inspirerer disciplen gennem guruens form som ren kærlighed, medfølelse og overgivelse.

Spørgsmål: Overgiver disciplen sig til Mesterens form eller til den formløse bevidsthed?

Amma: Det begynder som overgivelse til den fysiske form. Men det ender med overgivelse til den formløse bevidsthed. Dette sker når disciplen realiserer sit eget sande Selv. Selv på begyndelsesstadierne af den spirituelle praksis, når disciplen overgiver sig til Mesterens form, overgiver han sig i virkeligheden til den formløse bevidsthed. Det er disciplen er bare ikke klar over.

Spørgsmål: Hvorfor?

Amma: Fordi disciple kun kender kroppen. Bevidsthed er en ukendt ting for dem.

En sand discipel fortsætter med at ære guruens form som udtryk for taknemmelighed for, at guruen lader nåde strømme ned over ham og viser vejen.

Satguruens form

Spørgsmål: Kan du give en enkel forklaring på hvad der menes med Satguruens fysiske form.

Amma: En Satguru både har og har ikke en form, ligesom chokolade. Lige så snart du putter den i munden, smelter den og bliver formløs, og dermed en del af dig. Det er på samme måde med Mesterens lære: hvis du virkelig tager den til dig og gør den til en del af dit liv, så vil du opleve, at Mesteren er den højeste, formløse bevidsthed.

Spørgsmål: Så i virkeligheden skulle vi "spise" Amma?

Amma: Ja, spis Amma hvis I kan. Hun er mere end villig til at blive føde for Jeres sjæle.

Spørgsmål: Amma, tak for eksemplet med chokoladen. Det gør det meget nemmere at forstå, fordi jeg elsker chokolade.

Amma (leende): Men bliv ikke forelsket i den, for det vil gå ud over dit helbred.

Den fuldkomne discipel

Spørgsmål: Hvad opnår man ved at blive en fuldkommen
discipel?

Amma: At blive en fuldkommen mester.

Spørgsmål: Hvordan definerer du dig selv?

Amma: I hvert fald ikke som "noget".

Spørgsmål: Men som…?

Amma: Som intethed.

Spørgsmål: Betyder det som alt?

Amma: Det betyder, at hun altid er nærværende og tilgængelig for enhver.

Spørgsmål: Betyder "enhver" alle dem, som kommer til Dig?

Amma: "Enhver" betyder enhver, som er åben.

Spørgsmål: Betyder det at Amma ikke er der for dem, der ikke er åbne?

Amma: Ammas fysiske nærvær er der for alle og enhver, om de så accepterer hende eller ej. Men oplevelsen får de kun, hvis de er åbne. Blomsten er der, men skønheden og duften oplever kun de der er åbne. Et menneske, som er stoppet i næsen, kan ikke opleve duften, og lige sådan kan de lukkede hjerter ikke opleve, hvad Amma har at give.

Vedanta og skabelsen

Spørger: Amma, der er nogle modstridende teorier om skabelsen. Den som følger overgivelsens vej siger at Gud skabte verden, mens vedantister siger, at alt er skabt af sindet, og derfor kun eksisterer, så længe sindet eksisterer. Hvilken af disse opfattelser er den rigtige?

Amma: Begge synspunkter er korrekte. Hvor en tilhænger af overgivelsens vej ser den Højeste Gud som verdens skaber, ser en vedantist Brahman som det bagvedliggende princip, der opretholder den ydre, foranderlige verden. For en vedantist er verden en projektion af sindet, hvor den for en hengiven er den elskede Guds *lila* ("leg"). Det ligner to helt uforenelige synspunkter, men hvis man går dybere ind i det, vil man se, at det basalt er en og samme sag.

Navn og form er produkter af sindet. Når sindet ophører med at eksistere, forsvinder også navn og form. Verden, eller skabelsen, består af navne og former. At tale om en Gud eller skaber, giver kun mening der, hvor der er en skabelse. Selv Gud har et navn og en form. For at en verden af navn og form kan opstå, er en tilsvarende årsag nødvendig – og den årsag kalder vi Gud.

Sand Vedanta er den højeste form for indsigt. Amma taler ikke om *Vedanta* i form af skrifter eller den Vedanta, som så-kaldte vedantister taler om. Amma taler om Vedanta som den Højeste Erfaring, som en måde at leve på, som sindets balance i alle livets forhold.

Men det er ikke så let. Hvis der ikke sker en transformation, kan man ikke nå til den erfaring. Det er dette helt revolutione-rende skift på de intellektuelle og emotionelle planer, som gør sin-det subtilt, ekspansivt og kraftfuldt. Jo mere subtilt og ekspansivt sindet bliver, jo mere bliver det "ikke-sind". Gradvist forsvinder sindet. Hvis der ikke er noget sind, hvor er så Gud eller hvor er verden eller skabelsen? Det betyder dog ikke, at verden forsvinder fra ens syn, men at der sker en transformation og man ser det Ene i de mange.

Spørgsmål: Betyder det så, at man i den tilstand også ser Gud som en illusion?

Amma: Ja, fra det allerhøjeste perspektiv er Gud som form en illusion. Men det afhænger af, hvor dyb din indre oplevelse er. Ikke desto mindre er det en forkert holdning hos de såkaldte vedantister, som ego-istisk ser selv guders og gudinders former som irrelevant,. Husk at egoet aldrig er en hjælp på denne vej. Det er kun ydmyghed.

Spørgsmål: Den del af det har jeg forstået. Men Amma, du sagde også at set fra det allerhøjeste perspektiv er Gud som form en illusion. Er det du siger i virkeligheden, at de forskellige former for guder og gudinder blot er sindets projektioner?

Amma: I sidste instans er de. Hvad der forgår, er ikke virkeligt. Alle former, selv dem guder og gudinder har, har en begyndelse og en afslutning. Det som fødes og dør er mentalt, da det er forbundet med tankeprocessen. Og hvad der er forbundet med sindet, er nødt til at forandre sig, fordi det eksisterer i tid. Den eneste uforanderlige sandhed er evigheden: fundamentet for sindet og intellektet. Det er Atman (Selvet), tilværelsens højeste tilstand.

Spørgsmål: Hvis også guders og gudinders form er uvirkelig, hvilket formål har det så at bygge templer for dem og tilbede dem.

Amma: Du har ikke forstået pointen i dette her. Man kan ikke bare fjerne guder og gudinder på den måde. For mennesker, som stadig er identificeret med deres sind, og som ikke har nået det højeste niveau endnu, er disse former så sandelig virkelige og meget nødvendige for deres spirituelle vækst. De er dem til stor hjælp.

Et lands regering består af forskellige ministerier og departementer. Fra præsidenten eller statsministeren og nedefter er der et antal ministre, og under dem er der så og så mange andre embedsmænd og adskillige andre departementer ned til portnere og rengøringspersonale.

Hvis du gerne vil opnå noget, så går du direkte til præsidenten eller statsministeren, forudsat du kender dem eller har kontakt til dem. Så vil det hele gå langt lettere og mere glat for dig. Hvad end dit ærinde er, så vil det blive behandlet med det samme. Men de fleste mennesker har ingen direkte kontakter eller indflydelse. For at få noget igennem eller få adgang til højere instanser, må de holde sig til den slagne landevej: Først kontakte en af de lavere embedsmænd eller departementer, måske endda selv portneren. På samme måde er det med os. Så længe vi befinder os på det fysiske eksistensniveau og identificerer os med sindet og dets tankemønstre, bliver vi nødt til at acceptere de forskellige billed-fremstillinger af guddomme, indtil vi etablerer en direkte kontakt med den indre, rene energikilde.

Spørger: Men vedantister er normalt ikke enig i det synspunkt.

Amma: Hvilke vedantister taler du om? En vedantist, der som en bogorm gentager skrifterne som en dresseret papegøje eller en båndoptager, er nok ikke, men en sand vedantist er helt sikkert enig. En vedantist, som ikke accepterer verden og hengivelsens vej, er ikke en sand vedantist. At acceptere verden og se dens mangfoldighed, men samtidigt at se den ene og udelte Sandhed i mangfoldigheden er sand Vedanta.

En vedantist som ser ned på kærlighedens vej er hverken en vedantist eller en reel spirituelt søgende. En sand vedantist kan ikke udføre sin spirituelle disciplin uden kærlighed.

Formen vil føre dig til det formløse, forudsat din holdning til din spirituelle praksis er oprigtig. Saguna (form) er manifesteret nirguna (ikke-form). Hvis man ikke kan forstå dette simple princip, hvad kalder man sig så vedantist for?

Spørgsmål: Amma, du sagde, at en hengiven ser verden som Guds *lila* ("leg") Hvad betyder *lila*?

Amma: Med ordet *"lila"* kan man med ét ord definere det højeste bevidsthedstrin, hvor man er helt befriet for tilknytninger. Den højeste vidnetilstand uden udøvelse af nogen form for indgriben fra sindet kaldes *"lila"*. Når vi er helt fri af sindet og dets forskellige projektioner, hvordan kan vi så føle nogen tilknytning eller nogen autoritet? At være vidne til hvad der foregår indeni eller udenfor én, uden at blive revet med, er virkelig sjovt, en smuk leg.

Spørgsmål: Vi har hørt, at Amma holdt op med at manifestere *Krishna Bhava*[1], fordi du var i en slags tilstand af *lila* dengang.

Amma: Det var en af grundene. Krishna havde ingen tilknytninger, han deltog aktivt i alting, men forblev fuldstændig u-tilknyttet. Han distancerede sig i sit indre fra alt, som skete omkring ham. Det er meningen med det venlige smil som Krishna altid havde på sit smukke ansigt.

Under Krishna Bhava var Amma altid mere legende og distanceret i sin holdning til de hengivne, selv når hun lyttede til deres problemer. I den tilstand var der hverken kærlighed eller ikke-kærlighed, hverken medfølelse eller ikke-medfølelse. Den moderlige kærlighed og tilknytning, der var nødvendig for at tage stilling til de hengivnes følelser og at udtrykke dyb bekymring, kunne ikke komme til udtryk der. Krishna Bhava var en tilstand af at være hinsides. Og så tænkte Amma, at det ikke ville hjælpe de hengivne ret meget. Følgelig besluttede Hun at elske og tjene sine børn som en moder.

---

[1] Oprindelig manifesterede Amma både Krishna- og Devi-Bhava. Men hun holdt op med Krishna Bhava i 1983.

"Er du lykkelig?"

Spørgsmål: Amma, jeg har hørt dig spørge folk, der kom for at få darshan, "Lykkelig?" Hvorfor spørger du dem om det?

Amma: Det er en opfordring til at være lykkelig. Hvis du er lykkelig, er du åben, og så kan Guds kærlighed, eller shakti, strømme ind i dig. Så Amma beder faktisk det menneske om at være lykkelig, så Guds kraft kan strømme ind i ham eller hende. Når du er lykkelig, når du er åben og modtagelig, så vil mere og mere lykke komme til dig. Hvis du er ulykkelig, så er du lukket og så mister du alt. Et menneske, der er åbent, er lykkeligt. Det vil tiltrække Gud, så Han strømmer ind i dig. Og når Gud har fået en plads i dig, kan du ikke andet end at være lykkelig.

Et godt eksempel

Den dag vi ankom til Santa Fe, USA, støvregnede det. "Det sker altid i Santa Fe. Efter en lang periode med tørke, regner det lige så snart Amma kommer" sagde lederen i Ammas center i New Mexico.

Det var blevet mørkt, da vi nåede lederens hus. Amma var lidt længe om at komme ud af bilen, men lige så snart Amma steg ud af bilen, rakte lederen Amma hendes sandaler. Derefter gik han hen imod bilens forende for at føre Amma ind i huset.

Amma tog et par skridt hen imod bilens forende, men så vendte hun pludselig om og sagde: "Nej, Amma kan ikke lide at gå langs forenden af en bil. Det er bilens ansigt. Det er mangel på respekt, så derfor har Amma ikke lyst til at gøre det! Som sagt så gjort, Amma vendte om og gik bagom bilen ind i huset.

Det er ikke den eneste gang, Amma har gjort sådan. Hver gang Amma stiger ud af en bil, gør hun sådan.

Der er ikke noget bedre eksempel på, hvorledes Ammas hjerte favner alting – selv såkaldt døde ting.

Forhold

Mens en mand fik darshan, vendte han ansigtet mod mig og sagde: "Vil du ikke godt spørge Amma, om det er i orden, at jeg holder op med at gå med piger og har kærlighedsforhold?"

Amma: (med et underfundigt smil) Hvad skete der? Er din pige stukket af med en anden mand?

Spørger: (forbavset) Hvorfra ved du det?

Amma: Nemt – det er en typisk situation i livet, hvor man har sådanne tanker.

Spørger: Amma, jeg er jaloux på min venindes forhenværende ven, som hun stadig har forbindelse med.

Amma: Er det derfor, du vil holde op med at have forhold?

Spørgsmål: Sådanne situationer hænger mig ud af halsen. Nok er nok. Nu vil jeg have fred og fokusere på min spirituelle praksis.

Amma spurgte ikke yderligere, men fortsatte med at give darshan. Efter nogen tid spurgte manden mig: "Hvilket råd giver Amma mig mon?"

Amma hørte ham tale med mig:

Amma: Søn, Amma troede, at du allerede havde besluttet dig til, hvad du ville. Sagde du ikke, at sådan noget hang dig ud af halsen? Fra nu af vil du have et fredeligt liv, hvor du fokuserer på din spirituelle praksis', ikke sandt? Det lyder som den rigtige løsning. Så gå bare i gang med det.

Manden tav i et stykke tid, men han virkede rastløs. På et tidspunkt kiggede Amma på ham. Af hendes blik og smil kunne jeg se, at nu var den Store Mester i Amma i færd med at "kærne mælken til smør". Det er hun berømt for, når hun er klar til bringe noget op til overfladen hos en.

Spørger: Det betyder, at Amma ikke har mere at sige til mig, ikke også?

Pludselig begynder den stakkels mand at græde.

Amma: (tørrer hans tårer) Hør her, min søn, hvad er dit problem, luk op og fortæl Amma om det.

Spørger: Amma, for et år siden mødte jeg hende under et af Ammas programmer. Da vi så hinanden i øjnene, vidste vi, at vi var bestemt for hinanden. Sådan begyndte det. Og nu kom så denne her fyr – hendes forhenværende – pludselig mellem os. Hun siger, at han kun er en ven, men der er situationer, hvor jeg oprigtigt tvivler på, hvad hun siger.

Amma: Hvad får dig til at føle det, når hun har sagt noget andet?

Spørger: Det foregår sådan her: Nu er både hendes eks. og jeg selv her for at være hos Amma. Hun tilbringer mere tid sammen med ham end med mig. Det gør mig nervøs. Jeg ved ikke, hvad jeg skal gøre. Jeg er deprimeret. Det er blevet svært for mig at fokusere på Amma, som er mit formål med at være her. Mine meditationer har ikke den samme intensitet, og jeg sover ikke godt.

Amma (drillende): Ved du hvad? Det kan være, at han roser hende og siger: "Hør her, skat, du er den smukkeste kvinde i verden. Jeg kan ikke engang tænke på en anden kvinde, efter jeg har mødt dig." Måske viser han sin kærlighed på mange flere måder: lader hende tale meget og tier stille, selv når han har lyst til at sige hende imod. Og så køber han oven i købet en masse chokolade til hende! Hendes indtryk af dig er måske, at du tyranniserer hende, hakker på hende, skændes med hende osv. Og sådan er det ikke med ham.

Da manden og de andre hengivne, som sad rundt om Amma, hørte hvad Amma havde sagt, fik de sig et billigt grin. Manden selv var ærlig nok til at tilstå overfor Amma, at han var – mere eller mindre – som Amma havde beskrevet.

Amma (stryger ham over ryggen): Føler du en masse vrede og had mod hende?

Spørger: Ja, jeg gør, men jeg er mere vred på ham. Mit sind bliver så oprørt.

Amma føler hans håndflade. Den er brændende varm.

Amma: Hvor er hun nu?

Spørger: Et eller andet sted heromkring.

Amma: (på engelsk.) Gå hen og tal med hende.

Spørger: Nu?

Amma: (på engelsk) Ja, nu.

Spørger: Jeg ved ikke, hvor hun er.

Amma: (på engelsk) Så find hende!

Spørger: Ja, det gør jeg. Men så må jeg finde ham først, for hun er der, hvor han er. Men, Amma, sig mig nu, skal jeg fortsætte forholdet eller afslutte det? Tror du forholdet kan reddes?

Amma: Søn, Amma ved, at du stadigvæk er bundet til hende. Det vigtigste er at du indser, at den følelse, som du kalder kærlighed, ikke er kærlighed, men tilknytning. Først når du har indset det, kan du komme ud af den ophidsede sindstilstand, som du er i nu. Hvad enten du har held med at redde forholdet eller må opgive det, så vil du fortsætte med at lide, hvis du ikke kan skelne kærlighed fra tilknytning.

Amma vil fortælle dig en historie. En inspektør besøgte engang en psykiatrisk afdeling. Lægen tog ham med på stuegang. I et af værelserne sad en patient og gentog: "Pumpum... Pumpum.... Pumpum...," mens han sad og rokkede frem og tilbage på stolen. Inspektøren spurgte ham om årsagen til hans sygdom, og om der var en forbindelse mellem navnet og sygdommen."

Lægen svarede: "Det er en sørgelig historie. Pumpum var den pige, han elskede. Hun brændte ham af og stak af med en anden mand. Og så blev han skør."

"Stakkels fyr" sagde inspektøren og gik videre. Men så opdagede han til sin forbavselse endnu en patient i det næste værelse, som sad og sagde. "Pumpum...Pumpum...Pumpum," alt imens han ustandseligt bankede hovedet ind i væggen. Den forbavsede inspektør spurgte lægen: "Hvad er nu det? Hvordan kan det være, at denne patient siger det samme navn som ham lige før? Er der en forbindelse?"

"Ja," svarede lægen. "Det er den mand, som giftede sig med Pumpum."

Manden brast i latter.

Amma: Hør her, min søn, det er med kærlighed som med en blomst, der skal til at udfolde sig. Du kan ikke tvinge den til at springe ud. Hvis du åbner en blomst med magt, så ødelægger du al dens skønhed og duft, og det har hverken du selv eller nogen anden noget ud af. Hvis den derimod får lov til at folde sig ud helt af sig selv, så kan du opleve dens søde duft og dens farverige kronblade. Så vær tålmodig og kig på dig selv. Vær et spejl og prøv at se, hvor du er gået forkert og hvorfor.

Spørger: Jeg tror ikke min jalousi og min vrede holder op, før jeg gifter mig med Gud.

Amma: Ja, lige præcis! Gift dig med Gud. Kun foreningen med den spirituelle sandhed vil få dig til at transcendere disse følelser og finde sand fred og glæde.

Spørger: Vil du hjælpe mig i den proces?

Amma: Ammas hjælp er der altid. Man skal få øje på den og så tage imod den.

Spørger: Tusind tak, Amma, du har allerede hjulpet mig.

Hvad er det en sand Mester gør?

Spørgsmål: Hvad er det en *Satguru* gør ved en discipel?

Amma: En satguru hjælper disciplen med at se sine svagheder.

Spørgsmål: Hvordan hjælper det disciplen?

Amma: Rigtig at se er at indse og acceptere. Når en discipel først accepterer sine svagheder, er det nemmere at få bugt med dem.

Spørgsmål: Amma, når du siger 'svagheder' har du så egoet i tankerne?

Amma: Vrede er en svaghed, jalousi er en svaghed, had, egoisme og angst er alt sammen svagheder. Ja, roden til alle disse svagheder er egoet. Sindet med alle dets begrænsninger og svagheder er det, vi kender som egoet.

Spørgsmål: Så i virkeligheden siger du, at satguruens job er at arbejde på disciplens ego?

Amma: En satgurus job er at hjælpe disciplen til at indse, hvor ubetydeligt dette ynkelige fænomen vi kalder egoet, er. Egoet er som en flamme, der brænder i en lille skrøbelig lampe af ler.

Spørgsmål: Hvorfor er det vigtigt at kende egoets ubetydelighed?

Amma: Fordi der ikke er noget som helst nyt eller sensationelt omkring egoet. Når man har solens glans, hvorfor så bekymre sig om den lille flamme, der kan gå ud hvert øjeblik?

Spørgsmål: Amma, ville du have noget imod at uddybe det punkt lidt?

Amma: Du er helheden, Guddommeligheden. Sammenlignet med det er egoet ikke andet end en lille flamme. Så, på den ene side fjerne satguruen egoet, men på den anden side giver han eller hun dig Alt. Fra at være tigger bliver du af satguruen løftet op til status af kejser, Universets Kejser. Fra blot at være modtager bliver du nu - for dem der kommer til dig - ved guruens hjælp til en giver, til en der giver alt.

En Mahatmas handlinger

S pørgsmål: Er det sandt at hvad en Mahatma end gør, så
har det en mening?

Amma: Det er bedre at sige, at hvad en selv-realiseret sjæl
end gør, så har det et guddommeligt budskab, et budskab som
indeholder livets dybere principper. Selv tilsyneladende menings-
løse ting, de gør, indeholder sådan et budskab.

Der var engang en Mahatma, hvis eneste job var at rulle store
kampesten op til toppen af et bjerg. Det var det eneste, han gjorde
til sin død. Han kedede sig aldrig eller beklagede sig. Folk troede

han var tosset, men det var han ikke. Undertiden tog det mange timer eller endog dage at rulle sådan en kampesten hele vejen op til toppen af bjerget uden hjælp.

Og når så den var kommet derop, så skulle den rulles ned igen. Når Mahatmaen så kampestenen rulle ned ad bjerget til bjergets fod, dansede og klappede han i hænderne og lo som et lille barn.

Fremskridt indenfor et hvilket som helst område kræver en masse mod og energi, men det tager kun et ganske lille øjeblik at ødelægge alt, hvad vi har opnået ved hårdt arbejde. Det gælder også ved gode egenskaber. Altså var denne store sjæl overhovedet ikke identificeret med den enorme anstrengelse, han havde lagt i at rulle kampestenen op på bjerget. Derfor kunne han le som et barn – den helt suveræne, uengagerede latter. Måske var det det, han gerne ville lære mennesker.

Mennesker kan muligvis fortolke eller dømme en Mahatmas handlinger. Men det gør de kun, fordi deres sind mangler den subtilitet, som er nødvendig for at trænge ned under overfladen. Folk har forventninger, men en sand Mahatma kan ikke opfylde nogen som helst forventninger.

Ammas knus får mennesker til at vågne op

Spørgsmål: Hvis nogen sagde til dig, at de også kunne gøre det samme som du gør – det vil sige at give folk et knus – hvad ville du så svare?

Amma: Det ville være dejligt. Verden har brug for flere og flere medfølende hjerter. Amma ville være lykkelig om et andet menneske ville overveje at udføre den *dharma* (pligt) at tjene menneskeheden ved at omfavne mennesker med sand kærlighed og medfølelse. For Amma kan ikke fysisk omfavne hele menneskeheden selv. Men en sand moder ville aldrig påstå om sig selv, at hun var selvopofrende for sine børns skyld.

Spørgsmål: Amma, hvad sker der når du omfavner mennesker?

Amma: Når Amma omfavner mennesker, er det ikke bare en fysisk omfavnelse, som sker. Den kærlighed, som Amma føler for hele skabelsen, flyder mod ethvert menneske, som kommer til hende. Denne rene kærlighedsvibration renser mennesker, og det hjælper dem i deres indre opvågnen og spirituelle vækst.

Både mænd og kvinder i vor tid har brug for at vågne op til deres moderlige egenskaber. Ammas omfavnelser er ment som en påmindelse om dette universelle behov.

Kærlighed er det eneste sprog, ethvert levende væsen kan forstå. Den er universel. Kærlighed, fred, meditation og *moksha* (befrielse) er alle universelle.

Hvordan man gør
verden guddommelig

Spørgsmål: Som en gift mand med familie har jeg så mange forpligtelser og ansvar. Hvilken holdning bør jeg have?

Amma: Hvad enten du er familiefader eller munk, så er det allervigtigste, hvordan du ser på livet og bearbejder de oplevelser, livet giver dig. Hvis din holdning er positiv og accepterende, så lever du med Gud, selv når du er i verden. Så bliver verden guddommelig, og du oplever Guds nærhed hvert øjeblik.

Men en negativ holdning bringer blot det modsatte resultat — så vælger du at leve med djævlen. At kende sit eget sind og dets mere primitive tendenser, alt imens man hele tiden prøver at transcendere dem, det bør være det vigtigste mål for enhver oprigtig *sadhak* (spirituel aspirant).

En Mahatma blev engang spurgt: "Du hellige mand, er du sikker på at du kommer i himlen, når du dør?"

Mahatmaen svarede: "Ja, selvfølgelig."

"Men hvordan kan du vide det? Du er ikke død, og du ved ikke engang, hvad Gud har tænkt sig."

"Hør her, det er rigtig nok, at jeg ikke har nogen anelse om, hvad Gud har tænkt sig, men jeg ved, hvad jeg selv har tænkt mig. Jeg er altid lykkelig, uanset hvor jeg er. Og derfor vil jeg være lykkelig og i fred med mig selv - selv i helvede," svarede Mahatmaen.

Den lykke og fred er jo at være i himlen. Alt afhænger af vort sind.

Kraften i Ammas ord

Jeg har haft den oplevelse, ikke blot en gang, men hundredvis af gange. Når en eller anden kommer til mig med et s Spørgsmål eller et alvorligt problem, prøver jeg at besvare s Spørgsmålet og takle problemet på en ræsonnerende og logisk måde.

Efter at have givet udtryk for deres taknemmelighed og anerkendelse går de væk, tilsyneladende lykkelig for min løsning, mens jeg iagttager dem med slet skjult stolthed. Men kort tid efter ser jeg dem gå til en anden swami for at spørge om det samme – et klart tegn på, at de ikke var tilfreds med mit svar, og at personen stadigvæk lider.

Til sidst går de til Amma. Amma svarer på spørgsmålet på en måde meget lig min egen. Jeg mener, ordene, undertiden også eksemplerne, er de samme. Men personen selv forandrer sig pludseligt. Personens tvivl, frygt og bekymring er totalt forduftet, og personens ansigt lyser op. Der er virkelig en enorm forskel.

Jeg tænker altid, "Hvad er forskellen? Det Amma siger, er ikke noget nyt. Men virkningen er enorm."

Lad os for eksempel tage følgende hændelse: Mens Amma serverede lunch under et retreat, kommer en indisk læge, som havde levet i USA i de sidste 25 år, hen til mig og siger: "Dette er mit første møde med Amma, jeg vil gerne tale med dig og en anden swami."

Damen fortsætter så med at fortælle mig sin meget gribende historie. For nogle år siden tog hendes mand på pilgrimstogt til Mount Kailash i Himalaya-bjergene. Der fik han et hjerteanfald og faldt død om. Damen kunne ikke give slip på sin smerte og sorg. Hun sagde: "Jeg er vred på Gud, Gud er hensynsløs." Jeg lyttede til hendes historie med så meget sympati, som jeg kunne.

Jeg talte til hende og prøvede at overbevise hende om dødens spirituelle aspekter og fortalte hende om adskillige af Ammas eksempler.

Da jeg sluttede min rådgivning, sagde jeg til hende, at hendes mand var så heldig at dø ved Herren Shivas hellige bolig. "Han fik en fantastisk død," mindede jeg hende om.

Da damen endelig gik, sagde hun: "Tusind tak. Men jeg lider stadigvæk meget."

Den følgende morgen kom damen til darshan. Før jeg nåede at fortælle Amma hendes historie, så Amma hende dybt i øjnene og spurgte på engelsk: "Er du ked af det?"

Amma kunne helt klart mærke hendes dybe tristhed. Mens jeg fortalte Amma damens historie, så Amma hende dybt i øjnene

96

med så megen varme. Efter nogle få øjeblikke løftede Amma blidt hendes ansigt og så hende igen dybt i øjnene. "Døden er ikke afslutningen, ikke den fuldstændige udslettelse, men begyndelsen på et nyt liv." Amma sagde. "Din mand var heldig. Amma kan se at han er lykkelig og fredfyldt. Så lad være med at sørge."

Damen holdt pludselig op med at græde, og hendes ansigt blev så fredfyldt.

Om aftenen så jeg hende igen. Hun så så lettet ud. Damen sagde: "Jeg føler så megen fred nu. Amma har virkelig velsignet mig. Jeg ved ikke hvordan hun kunne tage al min tristhed bort så pludseligt."

Senere kom jeg tilbage til situationen overfor Amma og spurgte hende: "Amma, hvordan kan det være, at dine ord skaber så stor forvandling? Hvorfor er det ikke det samme, når vi taler med folk?"

"Fordi I er gift med verden og skilt fra det Guddommelige."

"Amma, sindet vil gerne have flere forklaringer. Vil du godt være venlig og uddybe det lidt mere?"

"Gift med verden betyder 'identificeret med sindet' som resulterer i binding til den mangfoldige verden og dens genstande. Det holder jer skilt eller fjernt fra jeres indre guddommelige natur.

Det er som at være hypnotiseret. Når vi af-hypnotiserer os fra sindet, begynder en indre skilsmisse. I den tilstand kan man måske stadig fungere i verden, men det indre ægteskab, eller forening med det Guddommelige hjælper en til at se verdens foranderlighed og falskhed. Derfor forbliver man uberørt eller uengageret. Man er ikke længere hypnotiseret af verden og tingene. Dette er virkelig den højeste tilstand af erkendelse af selvet. Det gælder om at indse at denne forening, dette ægteskab med verden ikke er af sand natur. Sandheden ligger i at genforenes med det Guddommelige og forblive i det ægteskab i al evighed. *Gopi'erne* i Vrindavan så sig selv som gift med Krishna, Herren.

De var gift med ham – det Guddommelige - i deres indre og skilt fra verden for evigt."

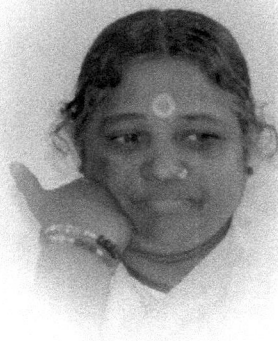

Hellige mænd og videnskabsmænd

Til en hengiven, som stillede et s Spørgsmål om ikke-troende:

Amma: Tror vi ikke på videnskabsmændene, når de taler om Månen og Mars? Men hvor mange af os kan virkelig bekræfte, at hvad de siger, er rigtigt? Men vi stoler på hvad videnskabsmændene og astronomerne siger, ikke?

Det er ligesådan med fortidens helgener og seere, de udførte i årevis eksperimenter i deres indre laboratorium og erkendte derved den Højeste Sandhed, som ligger til grund for universet. Lige som vi stoler på videnskabsmændenes ord, når de fortæller os om kendsgerninger, vi ikke har forstand på, så skal vi tro på de store Mestres ord, som taler om den Sandhed, som de er rodfæstede i.

Hvordan man går
hinsides tankerne

Spørgsmål: Amma, tilsyneladende er der ingen ende på de tanker. Jo mere vi mediterer, jo flere tanker er der. Hvorfor? Hvordan skal vi få de tanker til at holde op og transcendere dem?

Amma: Sindet består af tanker, men i virkeligheden gør tankerne ikke noget selv. De får deres kraft fra den Højeste Kraft. Vore tanker har vi selv skabt. Ved at vi samarbejder med dem, bliver de virkelige. Hvis vi holder op med selv at nære dem, opløser de sig. Vær omhyggeligt vidne til tankerne uden at sætte ord på dem. Så vil I opdage, at de langsomt forsvinder.

Sindet har samlet på tanker og begær siden verden blev til – igennem de forskellige legemer, i hvilke I har været inkarneret i de forskellige liv. Alle disse emotioner ligger dybt nede i os. Hvad man ser eller oplever på sindets overflade, er blot en brøkdel af det, der ligger og slumrer i skjulte lag dybt nede. Når man prøver at gøre sindet stille i meditation, så kommer disse tanker langsomt op til overfladen. Det er som at gøre rent på et gulv, som ikke er blevet vasket i lang tid. Nu, hvor vi begynder processen, jo mere vi skrubber, jo mere snavs kommer der op til overfladen, fordi gulvet har samlet snavs i årevis.

Sådan er det også med sindet – tidligere lagde vi slet ikke mærke til de forskellige tanker, som strømmede gennem vores sind. Ligesom det snavsede gulv, har sindet samlet på tanker, begær og følelser over lang tid. Men vi er kun bevidste om dem, der ligger lige på overfladen. Imidlertid ligger der talløse lag af tanker og følelser under overfladen. Og ligesom der kommer des mere snavs op til overfladen, jo mere vi renser gulvet, således bliver også flere og flere tanker synlige, jo dybere vores meditation går. Bliv ved med at skrubbe, så forsvinder de.

Det er faktisk godt, at de kommer op. Fordi når du først har set dem og genkendt dem, så er det nemmere at fjerne dem. Tab ikke tålmodigheden. Hold ud og bliv ved med at udføre den spirituelle praksis. Når tiden er inde, får du tilstrækkelig styrke til at overvinde dem.

Vold, krig og løsningen

Spørgsmål: Hvad kan mennesker gøre for at få krig og lidelse til at høre op?

Amma: Have mere medfølelse og mere forståelse.

Spørgsmål: Det lyder ikke, som om det er en løsning her og nu.

Amma: En hurtig løsning her og nu er næsten umulig. Og anvendelsen af et løsningsprogram over tid fungerer nok heller ikke.

Spørger: Men det er ikke, hvad fredselskende mennesker i verden ønsker. De vil have en hurtig løsning.

Amma: Det er godt. Lad det behov for at finde en hurtig løsning vokse til det bliver en brændende længsel. Kun af den brændende længsel vil der opstå en hurtig løsning.

Spørgsmål: Mange spirituelt orienterede mennesker mener at al ydre vold og krig ikke er andet end manifesteret indre vold. Hvad mener du, Amma?

Amma: Det er sandt. Men man skal forstå én ting: ligesom vold er en del af menneskesindet, så er fred og lykke det i høj grad også. Og hvis mennesker virkelig vil, kan de finde fred både i sig selv og udenfor sig selv. Hvorfor er mennesker mere fokuseret på de aggressive og destruktive aspekter af sindet? Hvorfor overser de totalt den grænseløse medfølelse og de kreative højder som det samme sind er i stand til at nå?

Til syvende og sidst er alle krige intet andet end sindets begær efter at udtrykke sin egen indre voldelighed. Sindet har en primitiv, uudviklet eller underudviklet side. Krig er udtryk for denne primitive del af sindet. Sindets krigsgale natur er simpelthen et bevis på, at vi endnu ikke er vokset fra vores primitive sind. Medmindre vi transcenderer den side i os, vil krig og konflikt fortsætte i vore samfund. Hvis vi finder den rigtige måde at vokse fra dette aspekt af sindet, og at omsætte det til virkelighed, så har vi fundet en sund og passende måde at løse problemet krig og vold på.

Spørgsmål: Er spiritualitet den rette måde?

Amma: Ja, måden er spiritualitet – vi må ændre måden at tænke på og vokse fra vore mentale svagheder og begrænsninger.

Spørgsmål: Tror Du at mennesker fra alle trosretninger vil acceptere det?

Amma: Hvad enten de accepterer det eller ej, så er det sandheden. Først når religiøse ledere tager initiativet til at forkynde det grundlæggende spirituelle i deres religion, vil den nuværende situation forandre sig.

Spørgsmål: Amma, mener Du at spiritualitet ligger til grund for alle religioner?

Amma: Det er ikke noget Amma mener. Det er Ammas urokkelige tro. Det er Sandheden.

Religionen og dens væsentligste principper er ikke blevet forstået rigtigt. De er oven i købet blevet fejlfortolket. Enhver religion i verden har to aspekter: et ydre og et indre. Det ydre er dens filosofiske eller intellektuelle del, det indre dens spirituelle del. De som har forbundet sig for meget med de ydre aspekter af deres religion, vil gå fejl. Religioner er som pegepinde. De peger mod et mål, og målet er spirituel oplysning. For at nå det mål, må man gå hinsides pegepindene, dvs. ordene.

Et eksempel: man skal over en flod, og så man har brug for en færge. Men når man er kommet over på den anden side, så skal man forlade båden og gå videre. Men hvis man hårdnakket påstår: "Jeg holder så meget af den båd. Jeg vil ikke forlade den, jeg bliver her," så kommer man jo ikke over på den anden side. Religionen er båden. Brug den til at komme tværs over oceanet af misforståelser og fejlopfattelser. Hvis vi ikke forstår det og handler sådan, kommer der ingen sand fred, hverken på det ydre eller det indre plan.

Religion er som et hegn, der beskytter en spirende plante mod dyrene. Når den er blevet til et træ, har den ikke mere brug for hegnet. Ligeledes kan vi sige om religion, at den er som hegnet, og oplysning er som træet.

En eller anden peger med en finger på en frugt på et træ. Så lader man sit blik følge fingeren til spidsen og udover den. Hvis man ikke ser længere end fingerspidsen, vil man ikke få fat i frugten. I vor moderne verden går tilhængere af alle religioner glip af frugten. De er blevet for knyttet til - og endog besat af fingerspidsen – ordene og de udvendige aspekter af deres religion.

Spørgsmål: Mener Du at der ikke er tilstrækkelig bevidsthed omkring det her i samfundet?

Amma: Der foregår en mængde bestræbelser på at skabe denne bevidsthed. Men mørket er så uigennemtrængeligt, at det er nødvendigt, at vi vågner op og går i gang med at arbejde endnu hårdere. Selvfølgelig er enkeltpersoner og organisationer involveret i at skabe denne bevidsthed. Men målet nås ikke ved at vi bare organiserer konferencer og freds-diskussioner. Sand bevidsthed kommer kun, hvis vi lever et meditativt liv. Det er noget, der skal komme indefra. Alle organisationer og enkeltpersoner, som arbejder på at skabe en verden i fred uden krig, bør betone denne side af sagen. Fred kommer ikke af intellektuel gymnastik. Det er langt snarere en følelse, en blomstring, som sker inden i os, når vi leder vor energi igennem de rigtige kanaler. Det er det, meditation gør.

Spørgsmål: Hvordan vil Du beskrive tingenes tilstand i verden af i dag?

Amma: I moders liv er det menneskelige foster i begyndelsen formet som en fisk. Og til sidst ligner det nærmest en abe. Selvom vi kan lide at tro om os selv, at vi er dannede mennesker, som har taget store spring på det videnskabelige område, så er vi stadigvæk i sidste fase af moders liv, at dømme efter vore handlinger.

Amma kunne sige at, som det nu er, er det menneskelige sind langt mere avanceret end en abes. For en abe kan kun springe fra en gren til en anden, fra et træ til et andet, mens det menneskelige abe-sind kan tage langt større spring. Det kan springe herfra til hvor som helst, til månen eller Himalayas tinder og fra nutid til fortid og til fremtid.

Men kun en indre forandring baseret på en spirituel livsan-skuelse vil få fred og få lidelse til at ophøre. De fleste mennesker rokker sig sjældent ud af stedet. Deres motto er: "Kun hvis du forandrer dig, vil jeg forandre mig." Det kommer der ikke noget godt ud af. Hvis man selv forandrer sig først, så vil den anden forandre sig helt automatisk.

Kristen og Kristendom

Spørgsmål: Jeg er kristen af fødsel. Jeg elsker Jesus, men jeg elsker også Amma. Du er min guru. Imidlertid er jeg i det dilemma, at mine to sønner, som er glødende tilhængere af den kristne kirke og Jesus, ikke tror på noget som helst andet end det. De bliver ved med at sige til mig: "Mor, vi er bedrøvede, fordi vi ikke vil gense dig i himlen, fordi du kommer i helvede for ikke at tro på Jesus." Jeg prøver at tale med dem, men de vil ikke høre på mig. Amma, hvad skal jeg gøre?

Amma: Amma forstår fuldstændigt deres tro på Kristus. Amma har faktisk en meget dyb agtelse og respekt for mennesker, som har en stærk tro på deres religion og på en personlig gud. Men det er en stor misforståelse og ulogisk at sige at de, der ikke tror på Jesus, kommer i helvede. Da Jesus sagde: "Elsk din nabo som dig selv," mente han ikke: "Elsk kun kristne," vel? At sige: "Alle andre undtagen de kristne skal i helvede," er det samme som at ignorere andre, fordi man lider af en total mangel på kærlighed. Det er en løgn. En løgn mod Gud. Guddommelighed, eller fromhed, kræver sandfærdighed, fordi Gud er sandheden. Gud er at tænke på andre og elske dem.

En påstand som: "I skal alle i helvede, fordi I ikke tror på Jesus," viser en total mangel på respekt og venlighed overfor resten af menneskeheden. Hvilken arrogant og grusom holdning er det ikke at sige, at alle de store helgener, de vise, milliarder af mennesker, som levede før Kristus, kom i helvede. Hævder disse mennesker, at man kun har kunnet møde Gud de sidste to tusind år? Eller mener de at Gud selv kun er to tusind år gammel? Det er imod selve Guds natur, som gennemtrænger alt og er hinsides rum og tid.

Jesus var Gud manifesteret i en menneskekrop. Amma har absolut intet problem med at acceptere det. Men det betyder bestemt ikke, at alle de store inkarnationer før og efter ham ikke er avatarer (Gud nedstegen i menneskeform,) eller er ude af stand til at frelse dem, der tror på dem.

Sagde Kristus ikke, "Himlens rige er i jer"? Dette er sådan et enkelt og ligefremt udsagn. Hvad betyder det? Det betyder at Gud bor inden i dig. Men hvis himlen er i dig, så er helvede også i dig. Og det er dit sind. Sindet er et meget effektivt redskab.

Vi kan bruge det til at skabe både himmel og helvede.

Alle mahatmaer, også Jesus, prioriterer kærlighed og medfølelse meget højt. I virkeligheden er kærlighed og medfølelse de grundlæggende principper i alle religioner. Disse guddommelige kvaliteter er den klippefaste grund under alle ægte former for tro. Uden at acceptere ren bevidsthed som det væsentlige princip under alting, er det ikke muligt at være kærlig og medfølende mod andre. At sige: "Jeg elsker dig, men kun hvis du er kristen," svarer til at sige: "Kun kristne har bevidsthed, alle andre er livløse ting." At fornægte bevidsthed er at fornægte Kærlighed og Sandhed.

Min datter, hvad angår din holdning i den situation vi taler om, så tror Amma ikke at det vil være let at lave om på dine børns indstilling. Og det er heller ikke nødvendigt. Lad dem beholde deres tro. Følg dit hjerte og bliv lige så stille ved med at gøre, hvad du finder rigtigt. Til syvende og sidst er det det, du føler dybt i dit hjerte, der virkelig betyder noget.

Være en god kristen, hindu, buddhist, jøde eller muslim, men mist aldrig din sunde dømmekraft, for at ikke din religion skal gøre dig til en galning.

Indvielse til et kristent mantra

En ung kristen bad Amma om et mantra. "Hvilken guddom beder du til?" spurgte Amma.

"Det er helt op til dig, Amma, hvilken guddom du vælger til mig, så vil jeg recitere det mantra," sagde han.

Amma svarede: "Nej, Amma ved at du er født og vokset op som kristen, så det er den samskara , der har dybe rødder i dig."

Efter et øjebliks eftertanke sagde den unge mand: "Amma, hvis du vil at jeg skal vælge guddommen, så beder jeg dig indvie mig i et Kali-mantra."

Amma afslog kærligt hans anmodning og sagde: "Hør her, Amma ved at du prøver at gøre Amma tilpas. For Amma er det uden betydning, om du reciterer et Kali-mantra eller et Kristus-mantra. Vær ærlig overfor dig selv, og vær åben mod Amma. Det er faktisk den holdning, der glæder Amma mest."

"Men Amma, jeg reciterer Mrityunjaya (udødeligheds-) mantraet og andre hindu-bønner" sagde han i et forsøg på at overbevise Amma.

Amma svarede: "Det kan være det er rigtigt, men du skal recitere et kristent mantra, for det er din stærkeste samskara. Hvis du reciterer andre mantraer, vil du få svært ved at holde dig til dem i det lange løb. Så vil der uvilkårligt opstå konflikter i dit sind."

Men den unge mand holdt stejlt på sit. Han ville have, at Amma enten skulle vælge et mantra til ham eller indvi ham i et Kali-mantra. Til sidst sagde Amma: "Okay, søn, du skal gøre en ting – sid stille og mediter i nogen tid. Lad os se hvad der sker."

Nogle få minutter senere, efter at han kom ud af sin meditation, spurgte Amma ham: "Nå, fortæl så Amma, hvem der er din foretrukne guddom" Den unge man smilede blot. Amma spurgte ham: "Jesus, ikke sandt?" Den unge mand svarede: "Ja, Amma. Du har ret og jeg har uret."

Amma sagde til ham: "For Amma er der ingen forskel på Jesus, Krishna, og Kali. Men selvom du ikke føler nogen forskel i din vågne bevidsthed, så føler du en forskel ubevidst. Og det er det, Amma ønsker at du skal indse og acceptere. Det er derfor hun bad dig om at meditere."

Den unge mand var lykkelig, og Amma indviede ham i et Jesus-mantra.

Vildfarne søgende og deres redning

Spørgsmål: Amma, der er mennesker, der har udført intens spirituel praksis i lang tid. Men de ligger under for nogle store vildfarelser omkring sig selv. Nogle af dem hævder endog, at de har nået til vejs ende. Hvordan skal man hjælpe sådanne mennesker?

Amma: Hvordan kan man overhovedet hjælpe dem, hvis de ikke vil indse at de har brug for hjælp? Betingelsen for at komme ud af vildfarelsens mørke er, at man først indser at man er i mørket. Det er endnu en kompleks mental tilstand. Disse børn sidder fast der, og finder det vanskeligt at acceptere den sandhed. Hvordan kunne man hævde sådan noget, som disse børn gør, hvis man var fuldstændigt fri af alle former for ego?"

Spørgsmål: Hvad er det der tvinger dem ind i denne vildfarne mentale tilstand?

Amma: Deres misforståede opfattelse af spiritualitet og Selverkendelse.

Spørgsmål: Kan de komme fri af det?

Amma: Kun hvis de ønsker at komme fri af det.

Spørgsmål: Kan Guds nåde ikke frelse dem?

Amma: Selvfølgelig, men er de åbne til at tage imod den nåde?

Spørgsmål: Nåde og medfølelse er ubetingede. At være åben er en betingelse, ikke sandt?

Amma: Åbenhed er ikke en betingelse. Den er en nødvendighed, lige så uundværligt som at spise og sove.

En sand Mesters hjælp til at gå Vejen til ende

Spørgsmål: Nogle mennesker mener, at en guru ikke er nødvendig for at blive fuldt oplyst. Amma, hvad mener du om det?

Amma: En fysisk blind ser mørke alle vegne, og så beder han om hjælp. Men spirituelt blinde mennesker kan ikke forstå at de er blinde, og selvom de forstår det, så vil de ikke acceptere det. Derfor er det svært for dem at bede om vejledning.

Mennesker har forskellige meninger, og de har frihed til at udtrykke dem. Folk med et skarpt intellekt kan bevise og modbevise mangt og meget. Men deres påstande er ikke nødvendigvis sande. Jo mere intellektuel man er, jo mere ego-centreret er man. For sådan et menneske er det svært at overgive sig. Guds-erfaring bliver ikke en realitet, før man har opgivet sit ego. Mennesker, som er meget bundet til deres ego, finder mange måder at retfærdiggøre deres selvcentrerede handlinger på. Hvis nogen påstår, at en gurus vejledning ikke er nødvendig på den spirituelle vej til Gud, så er de efter Ammas mening bange for at opgive deres ego. Eller også vil de selv gerne være guru.

Selvom vores sande natur er guddommelig, så har vi identificeret os med navne og former så længe, så vi anser dem for at være virkelige. Nu er det tid til at opgive vores identifikation med dem.

Et uskyldigt hjertes offergave

En lille pige, som kom til darshan, gav Amma en smuk blomst. Hun sagde: "Amma, den er fra vores have derhjemme."

Amma: "Virkelig? Den er yndig." Da Amma tog imod blomsten fra pigen, førte hun den ydmygt til panden, som om hun bukkede for den.

"Plukkede du den selv?" spurgte Amma. Pigen nikkede.

Pigens mor fortalte, at hendes datter blev så begejstret, da hun fortalte hende at de skulle til Amma, at hun styrtede ud i haven og vendte tilbage med blomsten. Og blomsten havde faktisk endnu et par dugdråber hængende ved sig. "Da hun viste mig blomsten, sagde hun "Mor, den blomst er lige så smuk som Amma."

Pigen sad på Ammas skød. Pludselig omfavnede hun Amma tæt og kyssede hende på begge kinder. Hun sagde: "Jeg elsker dig så højt, Amma." Idet Amma gengældte begge kys, svarede hun: "Mit barn, Amma elsker også dig meget."

Idet Amma så den lille pige hoppende følge sin mor tilbage til deres pladser, sagde hun: "Uskyld er så smuk og så hjertegribende."

Den varme linje til Gud

Under en s Spørgsmål-og-svar-session på en af Ammas retreats, sagde en af Ammas hengivne bekymret til hende: "Amma, der er så mange tusind mennesker, der beder til dig. Det ser ud, som om næsten alle linjerne er optaget, når jeg ringer til dig. Kan du foreslå noget?"

Amma lo hjerteligt, da hun hørte spørgsmålet og sagde: "Tag' det roligt, søn, du har en direkte linje." Ammas svar fremkaldte et brøl af latter. Hun fortsatte: "Alle har faktisk en varm linje til Gud. Men hvor godt den går igennem afhænger af, hvor glødende éns bøn er."

Som en strømmende flod....

Spørgsmål: Amma, du bliver ved med det samme job dag efter dag. Bliver det ikke kedeligt, altid at omfavne mennesker på den måde?"

Amma: Hvis det keder floden at flyde, hvis det keder solen at stråle, hvis det keder vinden at blæse, ja, så keder det også Amma.

Spørgsmål: Amma, hvor du end er, så er du altid omgivet af mennesker. Længes du ikke efter lidt frihed og ensomhed?

Amma: Amma er altid fri og alene.

Vediske lyde og mantraer

Spørgsmål: Fortidens *Rishier* (hellige vismænd) kendes som *mantra drishtas* (dem der har set mantraerne). Betyder det, at de har set de rene lyde og mantraer?

Amma: "Set" i betydningen opfattet som en "indre oplevelse" af dem. Mantraer kan kun opleves i ens indre. De vediske lyde og mantraer var allerede i universet, i atmosfæren. Hvad gør videnskabsmænd, når de opfinder noget? De bringer en kendsgerning for dagen, som har været skjult så længe. Vi kan ikke kalde det en ny opdagelse, de afdækker den blot.

Den eneste forskel på videnskabelige opfindelser og mantraer er de mere subtile planer. Gennem strenge bodsøvelser skærpede Rishierne deres indre redskaber og rensede dem, så de blev helt klare. Således opstod disse universelle lyde helt af sig selv i dem.

Vi ved, hvordan lyde og billeder rejser gennem luften fra en radio- eller TV-station, i form af vibrationer. De forbliver altid i atmosfæren. Men for at høre og se dem må vi indstille vort instrument, radioen eller fjernsynet, rigtigt. Ligesådan vil disse guddommelige lyde afsløre sig for dem, der har et rent og klart sind. Det ydre, fysiske øje er ude af stand til at se dem. Kun ved at udvikle et tredje øje, eller indre øje, vil vi være i stand til at opleve disse lyde.

Find en eller anden lyd, lær at føle den så dybt du kan. Det der betyder noget, er at føle lyden, ikke bare høre den. Føl dine bønner, føl dit mantra, så føler du Gud.

Spørgsmål: Har mantraer en mening?

Amma: Ikke på den måde du tror eller forventer. Mantraer er den reneste form for universelle vibrationer, eller *shakti* (guddommelig energi). Deres dybde erfarede Rishierne i dyb meditation. Et mantra er universets kraft i form af et frø. Derfor kalder man dem *bijaksharas* (frø-stavelser). Efter at Rishierne havde gennemgået den proces, skænkede de disse rene lyde til menneskeheden. Men at udtrykke en oplevelse i en verbal form, især den dybeste af alle oplevelser, er ikke så let. Så de mantraer, vi kender, er de lyde som kommer tættest på universets lyd, som Rishierne i deres medfølelse med verden skabte i verbal form. Men det er stadigvæk en kendsgerning, at et mantra kun kan opleves fuldt ud, når ens sind er totalt renset og klart.

Der mangler noget

Spørgsmål: Amma, der er så mange mennesker der siger, at til trods for alle deres materielle goder, så mangler der noget i deres liv. Hvorfor føler de sådan?

Amma: Livet giver forskellige mennesker forskellige situationer og oplevelser, alt efter deres forudgående karma (handlinger) og den måde, de lever og handler på nu. Hvem man end er og hvilken høj materiel standard man end når, så er et liv i dharma (retfærd) afgørende for, om man når fuldendelse og lykke i livet. Hvis man ikke bruger sin rigdom og sine begær i overensstemmelse med den højeste dharma, som er at opnå moksha (udfrielse), så når man aldrig sindets fred. Man vil altid føle at "Jeg savner noget." Det "noget" man savner, er fred, opfyldelse og tilfredshed. Og denne mangel på sand glæde skaber et tomrum, som det er umuligt at fylde ved at hengive sig til fornøjelser eller tilfredsstillelse af materielle behov.

Mennesker over hele verden tror, at de kan fylde det hul ved at tilfredsstille deres behov. Det hul vil faktisk blive ved med at være der eller kan endog blive endnu større, hvis man render efter jordiske ting alene.

Dharma og moksha er indbyrdes afhængige. Et menneske som lever i overenstemmelse med dharma'ens principper, vil opnå moksha, og den der ønsker at opnå moksha må altid føre et dharmisk liv.

Hvis ens rigdomme og penge bliver brugt forkert og uklogt, kan de skabe store forhindringer for dem, der ønsker at udvikle sig spirituelt. Jo flere penge man har, jo mere besat bliver man højst sandsynligt af ens krop. Og jo mere man identificerer sig med kroppen, jo mere egoistisk bliver man.

Penge er intet problem, men tåbelig tilknytning til dem er.

Verden og Gud

Spørgsmål: Hvad er forbindelsen mellem verden og Gud, lykke og sorg?

Amma: Verden er faktisk nødvendig, for at man kan opleve Gud eller virkelig lykke. I et klasseværelse skriver læreren på en sort tavle med et stykke hvidt kridt. Den sorte baggrund danner baggrunden for de hvide bogstaver. Ligeså er verden vores baggrund for at kende vor renhed, at blive bevidst om vores sande natur, som er evig lykke.

Spørgsmål: Amma, er det sandt, at kun mennesker kan føle sig ulykkelige og misfornøjede. Gør dyr ikke?

Amma: Ikke helt. Dyr har også følelser af sorg og utilfredshed. De oplever sorg, kærlighed, vrede og andre emotioner. Men de føler dem ikke så dybt som mennesker. Mennesker er mere udviklede i den henseende, så de føler på en meget dybere måde.

De dybe følelser af sorg, som vi i vore dage har, er faktisk udtryk for vores mulighed til også at nå det modsatte: den højeste lykkefølelse. Fra følelse af dyb sorg og smerte kan vi faktisk samle styrke nok til at gå ind på Selv-erkendelsens vej. Det gælder bare om at blive bedre til at sætte vores *shakti* (vitalkraft) ind de rigtige steder.

Spørgsmål: Amma, hvordan gør vi det?

Amma: Kun dybere forståelse vil hjælpe os. Lad os forestille os, at vi deltager i en begravelse eller besøger en ældre, der er syg og naglet til sengen. Det vil helt bestemt gøre os forstemt. Men når vi er kommet hjem igen og er travlt optaget af vore pligter, har vi glemt den syge og er nu helt et andet sted. Den ovennævnte situation har ikke bevæget vores hjertes dybeste krog. Det er ikke gået så dybt. Men hvis man virkelig kan meditere på sådan en oplevelse og tænke: "Det samme sker for mig før eller siden. Jeg bør spørge ind til årsagen til alle disse sorger, og forberede mig før det er for sent." Så vil sådanne oplevelser langsomt forandre éns liv og føre en til universets dybeste mysterier. Hvis man er oprigtig og mener det alvorligt, så finder man selve glædens kilde.

Mens Amma talte, begyndte et barn, der sad trygt på sin moders skød, pludselig at græde. Mens Amma råbte: "Baby... baby... baby...." spurgte hun, hvorfor det græd. Moderen løftede sutten op, som hun holdt, og sagde: "hun havde tabt den her." Alle lo. Så stoppede moderen sutten tilbage i munden på barnet, og det holdt op med at græde.

Amma: Den lille havde tabt sin lykke. Det var en god demonstration af det punkt, vi var i gang med at opklare. Sutten er en illusion, ligesom verden. Den giver ikke barnet nogen næring. Men den får barnet til at holde op med at græde. Så vi kan sige, at den har et formål, så at sige. På samme måde er verden ikke nogen virkelig næring for sjælen. Men den har et formål, nemlig at minde os om dens skaber, eller Gud.

Spørgsmål: Jeg har hørt, at man er nødt til at gå igennem en uhyre mængde smerte og sorg, før man realiserer Selvet? Passer det?

Amma: Der vil altid være sorg og smerte i livet. Den spirituelle rejse er ikke en rejse fremad, det er en rejse tilbage. Vi vender tilbage til den virkelige kilde til vores eksistens. I denne proces må vi igennem de lag af emotioner og *vasanas* (tendenser), som vi har samlet op indtil da. Det er der smerten kommer fra og ikke udefra. Men ved at gå igennem de lag med åbenhed, så passerer og transcenderer vi dem faktisk, hvilket i sidste instans fører os til den højeste fred og lykke.

Før vi når toppen af bjerget, må vi være i dalen for foden af bjerget, den anden yderlighed. Ligeså går opstigningen til lykkens tinde uundgåeligt igennem det andet ekstrem: sorg.

Spørgsmål: Hvorfor er det uundgåeligt?

Amma: Så længe identifikationen med egoet findes og så længe du føler: "Jeg er adskilt fra Gud," vil der være smerte og sorg. Så står du for foden af bjerget. Før du kan begynde at klatre op på bjerget, må du opgive dine bindinger til dalen og hvad du ejer der. Smerte er kun uundgåelig, hvis du gør det halvhjertet. Ellers er der ikke nogen smerte. Når den binding er opgivet, bliver smerten til en intens længsel, længselen efter at nå den evige forenings højder. Det virkelige spørgsmål er, hvor mange kan opgive den binding helhjertet?

Den hengivne sad og var tankefuld et øjeblik. Da Amma så at han var tavs, bankede hun ham på hovedet og sagde: "Når man tuner egoets tromme, skal man lade behagelige lyde komme fra den." Den hengivne kom med et spontant latterudbrud.

Amma: Amma har hørt en historie. Der var engang en rig mand, som mistede al sin interesse for det verdslige liv og ønskede at begynde et nyt liv i fred og stilhed. Han havde alt hvad han kunne købe for penge. Men alligevel var livet totalt meningsløst for ham, og han besluttede at opsøge en spirituel Mester for at få hans vejledning. Før han forlod huset, tænkte manden: "Hvad skal jeg stille op med alle de penge? Jeg tilbyder Mesteren det hele og glemmer alt om dem. Hvad jeg virkelig længes efter er sand lykke:" Så den rige mand puttede alle sine guldmønter i en pose, og tog den med.

Efter en hel dags rejse fandt manden Mesteren siddende under et træ i udkanten af landsbyen. Han stillede posen med pengene foran Mesteren og gjorde knæfald for ham. Men da han så op, blev han forbavset over at se Mesteren stikke af med posen med pengene. Totalt forvirret og forundret over guruens besynderlige opførsel, begyndte manden at løbe efter ham, så hurtigt hans ben kunne bære ham. Mesteren løb endnu hurtigere - langs markerne, op og ned ad bakkerne, hoppede over kløfter, traskede igennem buske og langs gaderne. Det var ved at blive mørkt. Mesteren var så fortrolig med landsbyens snævre, snoede system af smøger og stier, at den rige mand havde svært ved at holde trit med ham.

Til sidst opgav manden og vendte tilbage til det sted, hvor han havde mødt Mesteren for første gang. Og der lå hans pose med penge! Og skjult bagved træet stod Mesteren. Da den rige mand begærligt snuppede sin højtelskede pose med penge, kiggede

Mesteren frem fra bag træet og sagde: "Fortæl mig hvordan du har det nu."

"Jeg er lykkelig, meget lykkelig – det er den lykkeligste stund i mit liv."

"Altså," sagde guruen: "for at opleve virkelig lykke, må man gennemgå den anden yderlighed også."

Børn, man kan strejfe om i verden, og løbe efter verdens forskellige ting. Men hvis man ikke vender tilbage til den kilde, man startede fra, så vil man ikke opnå virkelig lykke. Men det er en anden historie.

Spørgsmål: Amma, jeg har hørt at hvis man ikke holder op med at søge, kan man ikke finde den sande lykke. Hvordan forklarer du det?

Amma: "Al søgen bør holde op" betyder at det at søge lykke i den ydre verden bør holde op, fordi det du søger, er i dit indre. Hold op med at løbe efter verdens goder og gå indad. Der finder du, hvad man søger.

Du er både den der søger og den der søges efter. Du søger efter noget, som du allerede har. Det kan ikke findes udenfor. Derfor vil al søgen efter lykke udenfor dig selv ende i nederlag og fallit. Det er som en hund, der løber efter sin egen hale.

Grænseløs tålmodighed

Der er en mand sidst i halvtredserne, som har været en fast gæst ved Amma's programmer i New York siden 1988. Jeg kan ikke glemme ham, for han stiller altid Amma de samme s Spørgsmål. Og næsten hver gang ender jeg som hans tolk. År efter år har manden stillet de samme tre s Spørgsmål, uden så meget som at ændre ordlyden:

1. Kan Amma give mig omgående selv-realisation?
2. Hvornår bliver jeg gift med en smuk kvinde?
3. Hvordan kan jeg tjene penge hurtigt og blive rig?

Da jeg så ham nærme sig i darshan køen, bemærkede jeg spøgefuldt: "Der kommer den knækkede grammofonplade."

Amma var omgående klar over, hvem jeg hentydede til. Hun så strengt på mig og sagde: "Spiritualitet handler udelukkende om at føle og at deltage i andre menneskers problemer og smerter. Man skal i det mindste have en moden intellektuel holdning til mennesker, som gennemgår sådanne problemer og situationer. Hvis du ikke har den fornødne tålmodighed til at lytte til dem, er du ikke egnet som Ammas tolk."

Jeg bad oprigtigt om Ammas tilgivelse for min kritiske holdning og dømmende ord. Men jeg havde stadig mine tvivl, om Amma havde lyst til at høre hans spørgsmål for femte gang.

"Skal jeg tage hans spørgsmål?" spurgte jeg Amma.

"Selvfølgelig. Hvorfor spøger du?"

Og det var rigtigt nok de samme tre spørgsmål. Og endnu engang var jeg fuld af ærbødig undren, som jeg så Amma lytte til ham og give ham råd, som om hun hørte spørgsmålene for første gang.

Spørgsmål: Kan Amma give mig Selv-realisation omgående?

Amma: Har du mediteret regelmæssigt?

Spørg: I håb om at tjene gode penge arbejder jeg 50 timer om ugen. Jeg mediterer, men ikke regelmæssigt.

Amma: Og det betyder?

Spørgsmål: Efter mit daglige arbejde mediterer jeg, hvis jeg har tid.

Amma: Okay, men hvad med at fremsige dit mantra? Gør du det dagligt, som du har fået besked på?

Spørger: (tøvende) Ja, jeg siger mit mantra, men ikke dagligt.

Amma: Hvornår går du i seng og hvornår står du op om morgenen?

Spørger: Jeg plejer at gå i seng ved midnatstid og står op kl. syv.

Amma: Hvornår tager du af sted på arbejde?

Spørger: Min kontortid er 8:30 til 17:00. Der er 35-40 minutters kørsel til kontoret, uden trafik. Så normalt er jeg ude af huset 7:35. Efter at jeg er stået op er der lige tid til at lave en kop kaffe, riste to stykker brød og få tøj på. Med min morgenmad og en kop kaffe i hånden, hopper jeg ind i bilen og kører af sted.

Amma: Hvad tid kommer du hjem fra arbejde?

Spørger: Mmmm... mellem 17:30 og 18:00

Amma: Hvad gør du efter at du er kommet hjem?

Spørgsmål: Jeg slapper af i en halv time og så laver jeg middag.

Amma: For hvor mange mennesker?

Spørger: Bare for mig selve. Jeg er alene.

Amma: Hvor lang tid tager det?

Spørger: Stort set 40 minutter til en time.

Amma: Så er vi ved 19:30. Hvad laver du efter middagen? Ser TV?

Spørger: Ja.

Amma: Hvor længe?

Spørger: (leende) Amma, der fik du mig. Jeg ser TV til jeg går i seng. Jeg vil også tilstå en ting mere for dig.... Nej, glem det.

Amma: (klapper ham på ryggen) Kom så frem med det og sig, hvad du ville sige.

Spørger: Det er for flovt at afsløre.

Amma: Helt fint.

Spørger: (efter et par øjeblikkes pause). Det nytter ikke at skjule det for dig. Og jeg tror alligevel, at du ved det her. Hvorfor skulle du ellers skabe sådan en situation? Gud fri mig, det er sådan en *lila* (guddommelig leg.)..... Amma, tilgiv mig, jeg har glemt mit guru-mantra. Jeg kan ikke engang finde det stykke papir det var skrevet på.

Da Amma hørte hans ord, brast hun i latter.

Spørger: (forvirret) Hvad? Hvorfor ler du?

Mens han sad og så bekymret ud, kneb Amma ham spøgefuldt i øret:

Amma: Din lille tyveknægt! Amma vidste, at du prøvede at skjule noget for hende. Hør her, min søn, Gud er altings giver. Amma forstår din oprigtighed og din spørgelyst, men du må udvikle mere *shraddha* (kærlig tro og vågenhed) og engagement. Og du skal være villig til at arbejde hårdt for at nå målet, for at nå Selv-realisation.

Mantra'et er den bro, der forbinder dig med din guru – det endelige med det som ikke har ende. Gentagelse af guru-mantraet er næring for en sand discipel. Vis dit mantra respekt og vis din guru den hyldest at fremsige dit mantra hver eneste dag. Hvis du ikke er engageret, vil du ikke blive oplyst. Spiritualitet er ikke noget halvdags-arbejde. Det skal være et heldags job. Det Amma beder dig om er ikke, at du skal opgive dit arbejde og arbejde mindre. Du ser dit arbejde og det at tjene penge som noget vigtigt, ikke? Og ligesådan er det vigtigt at realisere Gud. Ligesom at spise og sove skal den spirituelle praksis blive en uundværlig del af dit liv.

Spørger: (høfligt) Amma, jeg accepterer dit svar. Jeg skal huske det og prøve at gøre de ting, som du har givet mig besked på. Velsign mig, jeg beder dig.

Manden var stille i nogen tid. Han syntes at tænke dybt.

Amma: Søn, du har været gift to gange før, ikke?

Spørger: (overrumplet) Hvor ved du det fra?

Amma: Søn, det er ikke første gang du kommer med disse problemer til Amma.

Spørger: Sikke en hukommelse!

Amma: Hvad får dig til at tro, at det næste ægteskab vil holde?

Spørger: Det ved jeg ikke.

Amma: Ved du det ikke? Eller er du usikker?

Spørger: Jeg er usikker.

Amma: Og selv konfronteret med sådan en usikkerhed tænker du stadigvæk på et nyt ægteskab?

Manden var totalt forvirret, men morede sig samtidigt, så han var ved at falde sammen af grin. Så satte han sig op, foldede hænderne, og sagde: "Amma, du er uimodståelig og ikke til at slå af pinden. Jeg bøjer mig dybt for dig."

Amma smilede skælmsk, og gav manden et klap på hans skaldede isse, som var dybt bøjet.

Ubetinget kærlighed
og medfølelse

Spørgsmål: Amma, hvad er din definition på ubetinget kærlighed og medfølelse?

Amma: Det er en totalt udefinerbar tilstand.

Spørgsmål: Hvad er det så?

Amma: Det er en tilstand af grænseløshed, som himlen.

Spørgsmål: Er det den indre himmel?

Amma: Der er der ikke noget indeni eller udenfor.

Spørgsmål: Og så?

Amma: Der er kun enhed. Derfor kan det ikke defineres.

Den letteste vej

Spørgsmål: Amma, der er så mange spirituelle veje, hvilken er den letteste?

Amma: Den letteste vej er når du er ved siden af en Satguru (Sand Mester). At være hos en Satguru, er som at rejse i et Concorde fly. En satguru er den hurtigste måde at føre dig til målet. At gå en hvilken som helst vej uden en satgurus hjælp svarer til at rejse i en almindelig rutebil, som har hundredvis af holdepladser. Det forsinker processen.

Oplysning, overgivelse og at leve i Nuet

Spørgsmål: Er det umuligt at opnå oplysning uden at have overgivet sig, uanset hvor intens min *sadhana* (spirituelle praksis) er?

Amma: Fortæl Amma hvad du mener med intens spirituel praksis. En spirituel praksis kan kun kaldes intens, hvis den udføres med oprigtighed og kærlighed. For at kunne gøre det, må du være helt nærværende i Nuet, og for at kunne være det, må du give slip på både fortid og fremtid.

Hvad enten man kalder det overgivelse, øjeblikket, her og nu, at leve fra det ene øjeblik til det andet eller noget helt andet, så kommer det alt sammen ud på det samme. Betegnelserne er forskellige, men den indre oplevelse af det er den samme. Uanset hvilken spirituel praksis vi udfører, så hjælper den os til at indse værdien af at give slip. Sand meditation er ikke en handling, det er hjertets dybe længsel efter at være ét med Selvet eller Gud. Jo dybere vi når i den proces, jo mindre ego har vi og jo lettere føler vi os. Altså, som du ser, så er det virkelige formål med spirituel praksis at fjerne følelsen af "Jeg" og "Mit". Der er forskellige måder at beskrive den samme proces på. Det er det hele.

Spørger: Alle materielle goder og al succes i livet afhænger dybest set af, hvor pågående og hvor dygtig man er. Man kan ikke vinde, medmindre man "skærper" sit sind og sit intellekt. Bare man slapper det mindste af, bliver man sat ud af spillet. Der er tilsyneladende en stor forskel på principperne for det spirituelle og det verdslige liv.

Amma: Min datter, du har helt ret, det er kun *tilsyneladende*.

Spørgsmål: Hvordan det?

Amma: Fordi de fleste mennesker, uanset stand og status, faktisk lever i øjeblikket, men bare ikke fuldt og helt. I det øjeblik de er optaget af deres gøremål eller tanker, så har de overgivet sig til det øjeblik. Ellers ville intet blive gjort. Tag for eksempel en snedker. Medmindre han er helt koncentreret i nuet, når han bruger sit værktøj, kan der ske alvorlige ulykker. Så folk lever skam i nuet. Den eneste forskel er, at de fleste mennesker ikke har ret meget bevidsthed, så derfor er de kun delvist nærværende, eller slet ikke nærværende overhovedet. Den spirituelle visdom lærer os at være fuldt tilstede i øjeblikket, uanset tid og sted. Folk er enten optaget af sindet eller af deres intellekt, de er aldrig i hjertet.

Spørgsmål: Men skal jeg ikke transcendere mit ego for at være helt i Nu'et?

Amma: Jo, men at transcendere dit ego betyder ikke, at du bliver inaktiv og unyttig. Tværtimod, så vil du være totalt forandret, og dine egenskaber vil komme fuldt til udtryk. Som et fuldkomment menneske vil du være rede til at tjene verden i en tilstand af total accept.

Spørgsmål: Altså, Amma, det du siger, er at der grundlæggende ikke er nogen forskel mellem at overgive sig og at leve i Nuet?

Amma: Ja, det er en og samme sag.

Japa mala og mobiltelefon

M ens Amma kom gående hen imod hallen ledsaget af sine børn, fik hun øje på en af sine munke, som trådte ud af rækken for at svare på en opringning, han lige havde fået.

Da munken afsluttede samtalen og vendte tilbage til gruppen, sagde Amma: "Når man har forskellige ansvarsområder at tage sig af, såsom at organisere Ammas programmer overalt i landet og kontakte lokale koordinatorer, så er det okay, hvis en munk har en mobiltelefon. Men når I holder en mobiltelefon i den ene hånd, så husk at have en japa mala (rosenkrans) i den anden, som en påmindelse om ikke at glemme at recitere jeres mantra. En mobiltelefon er nødvendig for at være i kontakt med verden. Brug den om fornødent. Men mist aldrig kontakten med Gud. Det er jeres livskraft."

En Upanishade i
menneskeskikkelse

Spørgsmål: Hvordan beskriver man en Satguru (sand Mester)?

Amma: En Satguru er en *Upanishade* i menneskeskikkelse (en inkarnation af den højeste sandhed, som den er nedfældet i *Upanishaderne.*)

Spørgsmål: Hvad er Mesterens vigtigste opgave?

Amma: Hans eller hendes eneste opgave er at inspirere disciplene og at indgyde dem den tro og kærlighed, som er nødvendig for at nå målet. At tænde selverkendelsens ild eller kærlighed til

Gud i disciplen er Mesterens fornemste opgave. Når den flamme først er tændt, så er det Mesterens næste opgave at holde den ild ved lige ved at beskytte den mod stormfulde nætter og byger af unødvendige fristelser.

Mesteren beskytter disciplen ligesom en høne, som samler kyllingerne under sine vinger. Efterhånden lærer disciplen mere og mere at overgive sig og at løsne sine bindinger ved at studere Mesteren og lade sig inspirere af hans eller hendes liv. Dette kulminerer til sidst i total overgivelse og transcendens af egoets begrænsninger.

Spørgsmål: Hvad er det disciplen transcenderer?

Amma: Hans eller hendes lavere natur eller *vasanas* (latente tendenser).

Spørgsmål: Amma, hvordan ville du beskrive egoet?

Amma: Blot som en lille ubetydelig ting – men en destruktiv ubetydelighed, hvis man ikke passer på.

Spørgsmål: Men er det da ikke et meget nyttigt og effektivt redskab ude i verden?

Amma: Jo, hvis man lærer at bruge det rigtigt.

Spørgsmål: Hvad mener du med "rigtigt"?

Amma: Amma mener, at man bør beherske det med kløgt.

Spørgsmål: *Sadhaks* (munke) gør det samme som del af deres spirituelle praksis, ikke?

Amma: Jo, men en sadhak får efterhånden magt over sit ego.

Spørgsmål: Betyder det, at det ikke er nødvendigt at transcendere egoet?

Amma: At mestre sindet og transcendere det kommer ud på et. Der er faktisk ikke noget at transcendere. Ligesom egoet i sidste instans er uvirkeligt, så er det at transcendere det også. Kun Atman (Selvet) er virkeligt. Alt andet er bare skygger, der ligesom skyer skygger for solen. Det er uvirkeligt.

Spørgsmål: Men skyerne giver os skygge, ikke? Så kan man da ikke kalde dem uvirkelige, vel?

Amma: Rigtigt. En skygge kan ikke kaldes uvirkelig, den har et formål. Den giver skygge. Men glem ikke træet, som er skyggens ophav. Skyggen kan ikke eksistere uden træet, men træet *er*, selv uden skygge. Derfor er skyggen hverken virkelig eller uvirkelig. Sådan fungerer *maya* (illusionen). Sindet, eller egoet, er hverken virkeligt eller uvirkeligt. Men eksistensen af *Atman* er totalt uafhængigt af egoet.

Lad os tage et eksempel. En mand og hans søn kommer gående i bragende hede. For at beskytte sig mod heden går den lille dreng bag ved sin far, som giver ham skygge. Søn, du har ret, skyggen kan ikke kaldes uvirkelig, men den er heller ikke virkelig, blot har den et formål. Sådan er det også med egoet, selvom det hverken er virkeligt eller uvirkeligt, så har det en funktion – at minde os om den grundvirkelighed, Atman, som egoet bunder i.

Ligesom skyggen kan hverken verden eller egoet eksistere uden Atman. Atman støtter og opretholder hele universet.

Spørgsmål: Amma, hvis vi vender tilbage til emnet at transcendere – du sagde, at lige som egoet er uvirkeligt, er det at transcendere egoet også uvirkeligt? Hvis det er rigtigt, hvorfor så al den tale om Selv-udviklings- eller Selverkendelses processen?

Amma: Ligesom egoet er uvirkeligt, så er det også en illusion, at processen at transcendere egoet finder sted. Selv udtrykket "Selv-udvikling" er forkert, da Selvet ikke har brug for at udvikle sig. Det, som altid forbliver som det er, i al fortid, nutid og fremtid, behøver ikke undergå sådan en proces.

Alle forklaringer fører til sidst til erkendelsen af, at alle forklaringer er overflødige. Til sidst indser du, at det eneste der til syvende og sidst er virkeligt, er Atman, og at der aldrig har været nogen proces.

For eksempel: Der er en vidunderlig kilde med udødelighedens vand dybt inde i en tæt skov. En dag opdager du den, drikker vandet og opnår udødelighed. Kilden har altid været der, men det var du ikke klar over. Pludselig opdager du den, dens eksistens går op for dig. Det er det samme med den indre kilde af ren *shakti* (energi). Alt imens du leder og længes mere og mere intenst efter at møde dit Selv, sker der en åbenbaring og du kommer i kontakt med den kilde. Når forbindelsen først er oprettet, så erkender du også, at du aldrig har været borte fra det sted.

Universet har umådelige skatte gemt i sit skød. Kostbare sten, magiske eliksirer, vidundermedicin, vigtige oplysninger om menneskehedens historie, metoder hvormed man kan løse universets gåde. Hvad alle fortidens, nutidens og fremtidens forskere kan opdage, er blot en brøkdel af, hvad universet virkelig rummer. Intet er nyt. Alle opfindelser består ikke af andet end at fjerne lag efter lag. Ligeså gemmer den højeste sandhed sig dybt inde i os, som var den tildækket. Processen med at afdække den kaldes *sadhana* (spirituel praksis).

Så set fra det enkelte menneskes synsvinkel, er der en Selv-afdækningsproces, og følgelig finder der også en transcendens sted.

Spørgsmål: Amma, hvordan vil du forklare transcendens i de forskellige hverdags- situationer?

Amma: Transcendens sker først, når vi har opnået tilstrækkelig modenhed og forståelse. Det kommer gennem den spirituelle praksis og ved, at vi møder oplevelser og situationer i livet med en positiv holdning og med en vis grad af åbenhed. Dette hjælper os til at opgive vores forkerte forestillinger og få øje på den sande virkelighed hinsides disse forestillinger. Hvis man bliver lidt mere opmærksom på den virkelighed, forstår man, at det at give slip på de små ting, på vore banale behov og på de ting vi er bundet til, er en ganske almindelig erfaring i vores hverdag.

Et barn elsker at lege med sit legetøj, for eksempel sin le-getøjschimpanse. Han elsker sin legetøjschimp' så højt, at han bærer rundt på den hele dagen. Han glemmer endog at spise, så meget leger han med den. Og hvis hans mor prøver at tage hans legetøj fra ham, så bliver han så ked af det, at han brister i gråd. Den lille dreng falder endog i søvn, mens han holder den tæt ind til sig. Først da kan hans mor tage legetøjschimpansen fra ham.

Men en dag ser moderen alt drengens legetøj, inklusive den chimpanse, som drengen elskede højest, ligge forladt i et hjørne af barneværelset. Pludselig er drengen vokset fra det, han har transcenderet legetøjet. Måske ser man ham endog med et smil betragte et andet barn, som leger med hans ting. Han tænker sikkert: "Se det barn, som det leger med legetøj." Han har endda glemt, at han også var barn engang.

Sådan går det for et barn: Han opgiver legetøjet og begynder på noget mere avanceret, måske en trehjulet cykel. Og inden længe er han også vokset fra den og begynder at køre på en tohjulet. Og til sidst begynder han måske at interessere sig for en motorcykel eller en bil osv.

Men en *sadhak* skal udvikle styrke og forståelse nok til at transcendere alt hvad han eller hun møder, og kun længes efter at favne det Højeste.

Maya

Spørgsmål: Amma, hvad er *maya*? Hvordan definerer du det?

Amma: *Maya* er sindet. Sindets manglende evne til at opfatte verden som foranderlig og omskiftelig kalder vi maya.

Spørger: Man siger også, at denne objektive verden er maya.

Amma: Ja, fordi den er en projektion af sindet. Det, der forhindrer os i at se denne kendsgerning, er maya.

En løve af sandeltræ er virkelig for et barn, men for en voksen er den et stykke sandeltræ. For et barn er træet skjult, det kan kun se løven. Forældrene glæder sig måske også over løven, men de ved, at den ikke er virkelig. For dem er træet virkeligt, ikke løven. Sådan er det også for et oplyst menneske, hele universet er intet andet end essens, "træet", som omfatter alt, den absolutte Brahman, eller bevidsthed.

Ateister

Spørgsmål: Amma, hvad mener du om ateister?

Amma: Det er lige meget om man tror på Gud eller ej, hvis bare man tjener samfundet.

Spørgsmål: De betyder egentlig ikke rigtigt noget for dig, vel?

Amma: Alle betyder noget for Amma.

Spørgsmål: Men synes du, de har ret?

Amma: Hvad betyder det, hvad Amma mener, så længe de stadigvæk selv tror på det?

Spørger: Amma, du smutter uden om at svare på mit spørgsmål.

Amma: Og du, min datter, jagter Amma for at få det svar du vil have.

Spørger: (ler) Okay, Amma, jeg vil vide om ateisme blot er intellektuel øvelse, eller om der er nogen mening i, hvad de siger.

Amma: Både mening og meningsløshed afhænger af ens holdning. Ateister er overbevist om, at der ikke er nogen Højeste Magt, eller Gud. Men nogen af dem siger sådan offentligt, mens de i virkeligheden er troende.

Der er ikke noget særligt ved sådanne intellektuelle øvelser. En dreven intellektuel kan tilsyneladende bevise eller modbevise

Guds eksistens. Ateisme er baseret på logik. Men hvordan kan intellektuelle øvelser bevise eller modbevise Gud, som er hinsides intellektet?

Spørgsmål: Så, Amma, hvad du siger, er at deres syn på Gud ikke passer, gør du ikke?

Amma: Hvad enten det er deres egne meninger, eller nogen de har fået fra andre, så er syn på Gud nødvendigvis forkert, fordi Gud ikke kan anskues fra et bestemt perspektiv. Gud viser sig først for en, når alle synspunkter er forsvundet. Intellektuel logik kan bruges til at fastslå eller forkaste noget. Men det er måske ikke altid sandheden.

Hvis man siger: "A har ikke noget i hænderne. B har heller ikke noget i hænderne. Og jeg kan heller ikke se noget i C's hænder, ergo er der ingen der har noget i hænderne." Det er logisk og lyder rigtigt, men er det det? Sådan er det også med intellektuelle konklusioner.

De moderne ateister spilder en masse tid på at prøve at bevise, at Gud ikke eksisterer. Hvis de tror så fuldt og fast på det, hvorfor er de så så bekymrede? I stedet for at fortabe sig i destruktive intellektuelle argumenter, skulle de gøre noget godt for samfundet.

Fred

Spørgsmål: Hvad er Ammas definition på ordet "Fred ?"

Amma: Spørger du om indre eller ydre fred?

Spørger: Jeg vil vide, hvad virkelig fred er.

Amma: Min datter, fortæl Amma din definition på sand fred først.

Spørger: Jeg mener, at fred er lykke.

Amma: Men hvad er sand lykke? Er det noget man får, når man har tilfredsstillet sine behov, eller har du en anden forklaring?

Spørger: *Hmm* ... Det er en stemning, der kommer, når alle behov er tilfredsstillet, ikke?

Amma: Men sådan en lykkelig stemning varer ikke længe. Du er lykkelig, når et bestemt behov er tilfredsstillet. Men det vil ikke vare så længe, før et nyt behov melder sig, og så render du efter det. Der er ingen ende på den proces, er der?

Spørger: Det har du ret i. Så du mener, at indre lykke er sand lykke?

Amma: Okay, men hvordan føler man indre lykke?

Spørger: (leende) Du prøver at drive mig op i en krog.

Amma: Nej, vi nærmer os det svar, du har brug for. Sig mig, datter, hvordan er det muligt at føle sig lykkelig indeni, hvis sindet ikke er i ro? Eller mener du, at det er sand fred at føle sig rolig og i balance, mens man spiser is og chokolade?

Spørger: (leende) Nej, nej, du driller.

Amma: Nej, min datter, Amma mener det helt alvorligt.

Spørger: (tankefuldt) Det er hverken fred eller lykke. Det er bare en slags ophidselse eller betagelse.

Amma: Varer den slags betagelse længe?

Spørger: Nej, den kommer og går.

Amma: Okay, sig så Amma, kan en følelse, der kommer og går, kaldes virkelig eller varig?

Spørger: Ikke rigtigt.

Amma: Hvad kalder du den så?

Spørger: Det som kommer og går, kaldes normalt "forbigående" eller "skiftende".

Amma: Når det nu er dit svar, så lad Amma spørge dig: Har der været øjeblikke i dit liv, hvor du har oplevet fred uden nogen som helst årsag?

Spørger: (efter at have tænkt sig om lidt) Ja, engang da jeg sad i vores baghave og betragtede solnedgangen. Mit hjerte blev opfyldt af en ukendt glæde. I det smukke øjeblik gled jeg simpelthen over i en tilstand af tankefrihed, og jeg følte så megen indre glæde og fred. Når jeg tænker på det øjeblik, ja, så skrev jeg endda et digt om den oplevelse.

Amma: Min datter, det er svaret på dit spørgsmål. Fred er, når sindet tier og er uden tanker. Færre tanker betyder mere fred, og flere tanker betyder mindre fred. Fred og lykke uden nogen som helst årsag er sand fred og lykke.

Fred og lykke er synonymer. Jo mere åben man er, jo mere fred og lykke føler man, og omvendt. Medmindre vi er i stand til at beherske vores sind til en vis grad, er sand fred vanskelig at opnå.

At finde indre fred er den virkelige vej til ydre fred. Indre og ydre bestræbelser bør gå hånd i hånd.

Spørgsmål: Amma, hvordan vil du definere fred fra et spirituelt synspunkt?

Amma: Der er ingen forskel på spirituel fred og verdslig fred. Lige som kærlighed altid er kærlighed, så er fred altid fred. Jo,

der er en gradsforskel. Det afhænger af, hvor dybt man går ind
i sig selv. Se sindet som en sø, med tankerne som små bølger på
søen. Enhver tanke eller følelsesmæssig ophidselse er som en sten,
der bliver kastet i søen, så der kommer en mængde små bølger.
Det meditative sind bliver som en lotusblomst, der flyder på den
sø. De små bølger er der stadigvæk, men lotusen er ikke berørt,
den flyder bare.

"Lad mig være, jeg vil ha' fred!" Det udtryk hører vi ofte,
undertiden midt i et skænderi, eller når en eller anden har fået
nok af nogen eller af situationen. Men er det muligt? Selvom vi
lader den person være i fred, så oplever han ikke fred, og han kan
heller ikke rigtig være alene. Bagved de låste døre til hans værelse
sidder han så og ruger over alt, hvad der er sket, og fortsætter med
at koge indeni. Han er vendt tilbage til sine forstyrrende tanker.
Virkelig fred er en dyb følelse, som fylder hjertet, når vi er fri af
tanker fra vor fortid.

Fred er ikke det modsatte af ophidselse. Det er fravær af
ophidselse. Det er en totalt afslappet tilstand, fuld af hvile.

Livets største lære

Spørgsmål: Hvad er den største lære, livet giver én?

Amma: At være engageret i verden med en uengageret holdning.

Spørgsmål: Hvordan forener man engagement og mangel på engagement?

Amma: Engager dig eller vær uengageret, som du har lyst. Handl, giv slip og gå videre. Handl igen, giv slip og gå videre. For meget bagage skaber problemer på rejsen, ikke sandt? Sådan er det også med en overvægt af vildtvoksende drømme, begær og bindinger, som gør livets rejse særdeles ubehagelig.

Selv mægtige kejsere, diktatorer og herskere lider forfærdeligt ved afslutningen af deres liv, fordi de bærer på så meget ekstra bagage i livet. Kun kunsten at løsne sit engagement hjælper en med at være i en afslappet sindstilstand i den situation.

Alexander var en stor kriger og hersker, som havde besejret næsten en tredjedel af verden. Det var hans ønske at blive kejser over hele verden, men han blev besejret i et slag og blev alvorligt syg. Få dage før han døde, kaldte Alexander sine ministre sammen og fortalte dem, hvordan han ønskede at blive begravet. Han sagde til dem, at han ønskede, at der blev boret huller på begge sider af hans kiste, igennem hvilke hans hænder skulle stikkes med håndfladerne opad. Hans ministre spurgte ham hvorfor han ønskede det. Alexander svarede, at alle på den måde ville få at vide, at den store Alexander, som havde kæmpet hele sit liv for at eje og besejre verden, havde forladt den helt tomhændet. Han havde ikke engang taget sin egen krop med sig. Derfor ville de komme til at forstå, hvor nytteløst det er at tilbringe hele sit liv med at jage efter verden og dens ting.

Til syvende og sidst kan vi ikke tage noget med os, når vi skal herfra, ikke engang vor egen krop. Så hvad nytte er det til at føle sig så bundet til verden?

Kunst og musik

Spørgsmål: Amma, som kunstner og musiker vil jeg gerne vide, hvad min holdning til mit erhverv bør være, og hvordan jeg kan udtrykke mit musikalske talent bedre.

Amma: Kunst er Guds skønhed i form af musik, maleri, dans og så videre. Det er en af de letteste veje til at erkende sin iboende guddommelighed.

Der er mange helgener, som fandt Gud gennem musikken. Så du er særligt velsignet ved at være musiker. Hvad angår din holdning til dit erhverv, så vær en begynder, et barn overfor Gud, overfor det guddommelige. Så kan du øse af dit sinds uendelige muligheder. Og det vil til gengæld hjælpe dig med at udtrykke mere og mere af dit talent på en meget dybere måde.

Spørgsmål: Men Amma, hvordan skal man være et barn, en begynder?

Amma: Ved blot at acceptere og anerkende sin uvidenhed, bliver man automatisk en begynder.

Spørger: Jeg forstår det, men jeg er ikke helt uvidende, jeg er en erfaren musiker.

Amma: Hvor meget erfaring har du?

Spørger: Jeg studerede musik i seks år, og har været aktiv som musiker de sidste 14 år.

Amma: Hvor stort er rummet?

Spørger: (lidt forbavset) Jeg forstår ikke dit spørgsmål.

Amma: (smilende) Du forstår ikke spørgsmålet, fordi du ikke forstår ordet "rum", ikke også?

Spørger: (trækker på skulderen) Måske.

Amma: Måske?

Spørgsmål: Men hvad har mit spørgsmål at gøre med, at du spørger: "Hvor stort er rummet?"

Amma: Det har noget med hinanden at gøre. Ren musik er så uendelig som rummet. Det er Gud. Det er ren viden. Det handler om den hemmelighed at give universets rene lyd lov til at strømme igennem dig. Man kan ikke lære musik på 20 år. Måske har du sunget i de sidste 20 år, men virkelig at forstå musik er det samme som at forløse musikken som dit Selv. Og for at forstå musik som dit eget Selv, må du lade musikken beherske dig helt. For at mere musik kan fylde dit hjerte, skal du skabe mere rum i dig. Flere tanker betyder mindre rum. Så, spørg dig selv, "Hvor meget rum har jeg i mig, der er bestemt for ren musik?"

Hvis du virkelig ønsker at mere og mere af dit musikalske talent skal komme til udtryk, så skær ned på mængden af unødvendige tanker, og giv mere plads til at musikkens energi kan strømme igennem dig.

Kærlighedens kilde

Spørgsmål: Amma, hvordan lærer jeg at føle ren, uskyldig kærlighed. Den som du taler om?

Amma: Du kan kun lære noget, som er ukendt for dig. Men kærlighed er din sande natur. Der er i dig et kærlighedens kildespring. Hvis du kan øse af den kilde på den rigtige måde, så vil guddommelig kærlighedsenergi fylde dit hjerte, og en stadig voksende grænseløs kærlighedsenergi vil strømme til dit hjerte. Du kan ikke *få det til* at ske. Det eneste, du kan gøre, er at skabe den rette holdning i dig for at det sker.

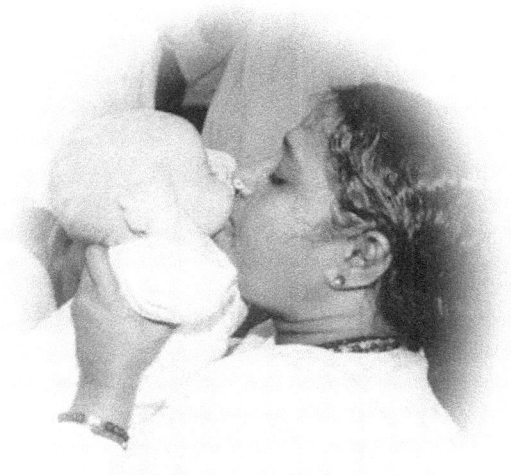

Hvorfor giver du knus?

Spørgsmål: Amma, du giver knus til alle. Hvem gir dig knus?

Amma: Hele skabelsen giver Amma knus. I virkeligheden er Amma i en uendelig og evig omfavnelse med hele skabelsen.

Spørgsmål: Amma, hvorfor gir du knus?

Amma: Spørgsmålet er som at spørge floden: "Hvorfor strømmer du?"

Hvert øjeblik rummer
en kostbar lære

Formiddagens darshan var igang. Amma var lige blevet færdig med at besvare s Spørgsmål fra sine hengivne – køen havde været lang. Lettet skulle jeg lige til at holde en pause, da en hengiven pludselig dukkede op og rakte mig en lap papir. Det var endnu et s Spørgsmål. Hvis jeg skal være helt ærlig, så blev jeg lidt irriteret, men tog alligevel sedlen fra ham og spurgte: "Kan du ikke vente til i morgen? Vi er færdige for i dag."

Han sagde: "Jamen det er vigtigt, Hvorfor spørger du ikke nu?" Jeg tænkte, eller måske følte jeg, at han var krævende.

"Behøver jeg forklare dig det?" svarede jeg skarpt.

Han gav ikke op. "Du behøver ikke, men hvorfor spørger du ikke Amma? Måske er Amma villig til at besvare mit spørgsmål."

Så gav jeg mig til at ignorere ham og så væk. Amma gav darshan. Vores kontrovers fandt sted bag Ammas darshanstol. Vi talte begge sagte, men med skarphed i stemmen.

Pludselig vendte Amma sig og spurgte mig: "Er du træt? Eller søvnig? Har du spist?" Jeg var målløs, men samtidig flov, fordi hun havde hørt vores samtale. Jeg havde faktisk været dum, jeg burde have vidst bedre. Selv om Amma gav darshan og vi talte sagte, så ser, hører og føler hendes øjne, ører og hele hendes krop alt.

Amma fortsatte: "Hvis du er træt, så tag en pause, men tag denne søns spørgsmål først. Lær at være hensynsfuld. Vær ikke besat af, hvad du føler er rigtigt."

Jeg undskyldte overfor manden og tog hans spørgsmål. Amma behandlede hans spørgsmål med stor kærlighed, og manden gik igen, rigtig glad. Selvfølgelig var spørgsmålet vigtigt, som han havde sagt.

Efter at han var gået, sagde Amma: "Hør her, min søn, når du reagerer imod nogen, så har du uret, og de har sandsynligvis ret. Han eller hun, som er i en bedre mental balance, har den fornødne klarhed til at overskue situationen. Blot at reagere imod gør én blind. Din kontrære holdning hjælper dig ikke til at se andre og at tænke på deres følelser.

Før du reagerer i en bestemt situation, så skal du holde en pause og sige til den anden: "Giv mig nogen tid før jeg svarer dig. Lad mig tænke over hvad du sagde. Måske har du ret og jeg har uret. Hvis du har mod til at sige det, så tager du i det mindste hensyn til den andens følelser. Det vil forhindre mange ubehagelige situationer, som kunne opstå på et senere tidspunkt."

Så fik jeg endnu en ubetalelig lektie af den store Mester. Jeg følte mig flov.

At forstå et oplyst menneske

Spørgsmål: Er det muligt at forstå en Mahatma ("stor sjæl") med vores sind?

Amma: Det vigtigste man skal forstå er, at en Mahatma ikke kan forstås. Han eller hun kan kun opleves. På grund af sin omskiftelige og tvivlende natur kan sindet ikke opleve noget, som det er, ikke engang en almindelig genstand. Hvis man for eksempel virkelig ønsker at opleve en blomst, så standser sindet og noget hinsides sindet begynder at arbejde.

Spørgsmål: Amma, du sagde: "Sindet standser og noget hinsides sindet begynder at arbejde." Hvad er det?

Amma: Kald det hjertet, men det er en tilstand af midlertidig dyb stilhed – en sindets stilhed, et ophør af tankeflugten.

Spørgsmål: Amma, når du siger "sind", hvad mener du så? Betyder det bare tankerne, eller betyder det mere end det?

Amma: "Sind" indbefatter også hukommelsen, som er fortidens lagerrum, det at tænke, tvivle, beslutte og følelsen af "jeg."

Spørger: Hvad med alle emotionerne?

Amma: De er også en del af sindet.

Spørger: Okay, så når du siger at "sindet kan ikke forstå en Mahatma," så mener du at den komplekse mekanisme som sindet er, ikke kan forstå den bevidsthedstilstand, som en Mahatma er etableret i.

Amma: Ja. Det menneskelige sind er så uforudsigeligt og lumsk. Det er uhyre vigtigt for en, der søger Sandheden at forstå, at han eller hun ikke kan erkende det særlige ved en Satguru (sand Mester). Der er ingen kriterier for at gøre det. En fulderik kan kun genkende en anden fulderik. Ligesom to spillere kan forstå hinanden. En gnier kan genkende en anden gnier. De er alle af den samme mentale kaliber. Men der eksisterer ikke sådanne kriterier til at genkende en Satguru. Hverken vort fysiske syn eller vores sind kan se storheden ved sådan et væsen. Det er nødvendigt med en særlig træning. Og det er *sadhana* (spirituel praksis). Kun uafbrudt sadhana vil hjælpe os med at gennemtrænge og gå udover sindet. Når man først er kommet ind under dets overflade, bliver man konfronteret med uendeligt mange lag af følelser og tanker. For at kunne passere og at gå hinsides alle disse kringlede, grove og subtile lag i sindet, har *sadhaken* (den spirituelle aspirant) brug for en Satgurus uafbrudte vejledning. At nå de dybere niveauer i sindet, at passere disse niveauer, og at komme ud på den anden side med held kaldes *tapas*. Og det — så vel som den endelige realisation - er kun muligt under en Satgurus ubetingede nåde.

Sindet har altid forventninger. Sindets egentlige natur består i at forvente noget. En Mahatma vil ikke have noget med sindets forventninger og begær at gøre. For at opleve en Mahatmas rene bevidsthed, må sindet forsvinde.

Amma, den uudtømmelige energi

Spørgsmål: Amma, tænker du nogensinde på at holde op med det arbejde, du gør?

Amma: Det, Amma gør, er ikke arbejde. Det er en Gudstjeneste. I den hyldest er der kun ren kærlighed, derfor er det ikke arbejde. Amma tjener sine børn som Gud. Børn, I er alle Ammas Gud.

Kærlighed er ikke kompleks. Den er enkel, spontan og så sandelig vores sande natur. Derfor er det ikke arbejde. At omfavne sine børn personligt er for Amma den enkleste måde at udtrykke sin kærlighed til hele skabelsen og til sine børn. Arbejde er trættende og spreder vores energi, medens kærlighed aldrig bliver trættende eller kedsommelig. Tværtimod bliver den ved med at fylde vort hjerte med mere og mere energi. Ren kærlighed får dig til at føle dig så let som en blomst. Du føler ingen tyngde eller byrde. Det er egoet, der får en til at føle noget som en byrde.

Solen holder aldrig op med at skinne. Ligesom også vinden forsætter med at blæse i al evighed. Og floden holder aldrig op med at flyde, den siger ikke:

"Nu er det nok, jeg har lavet det samme arbejde i årevis, nu trænger jeg til en forandring." Nej, disse kræfter kan ikke holde op. De fortsætter så længe verden består, fordi det er deres natur. Sådan er det også med Amma. Hun kan ikke holde op med at give sine børn kærlighed, fordi hun aldrig bliver træt af at elske sine børn.

Kedsomhed kommer kun, hvor der ingen kærlighed er. Så vil man hele tiden forandre noget, flytte fra et sted til et andet, skifte en ting ud med en anden. Men intet ældes, hvor der er kærlighed. Alt forbliver evigt nyt og friskt. For Amma er Nuet langt vigtigere end hvad der skal gøres i morgen.

Spørgsmål: Betyder det, at du fortsætter med at give darshan i mange år?

Amma: Så længe disse hænder kan bevæge sig lidt og række ud mod dem, der kommer til hende, og så længe hun har den mindste smule kræfter og energi til at lægge sin hånd på et grædende menneskes skulder, kærtegne det og tørre dets tårer væk, ja så længe vil Amma blive ved med at give darshan. Amma ønsker at kærtegne mennesker, trøste dem, og viske deres tårer bort, så længe Amma er i denne dødelige krop.

Amma har givet darshan i de sidste 35 år. Ved den Højestes (Paramatman) nåde har Amma indtil nu ikke været nødt til at aflyse en eneste darshan eller program på grund af fysisk sygdom. Amma bekymrer sig ikke om det næste øjeblik. Kærligheden er i Nuet, lykken findes i Nuet, Gud er i Nuet, og oplysningen sker også i Nuet. Så hvorfor bekymre sig unødigt om fremtiden? Hvad der sker nu er vigtigere end hvad der skal til at ske. Når Nuet er så smukt og fuldbyrdet, hvorfor så bekymre sig om fremtiden? Lad fremtiden opstå helt af sig selv af nutiden.

Den genfundne fortabte søn

Dr. Jaggu er fast beboer i Ammas ashram i Indien. For nylig gav hans familie ham de penge, han skulle bruge til at rejse med Amma til Europa. Da han endelig fik sit visum, havde Amma og hendes tur-gruppe havde allerede forladt Indien. Men vi var alle lykkelige ved tanken om, at Jaggu skulle slutte sig til os i Antwerpen, Belgien.

Det var Jaggus første rejse uden for Indien. Han havde aldrig rejst i en flyvemaskine før. Så vi gjorde alle de nødvendige forberedelser til at hente ham i lufthavnen i rigelig tid i forvejen. Hengivne ventede udenfor lufthavnen med bilen, men Jaggu kom ikke. Lufthavnsmyndighederne bekræftede, at en passager ved navn Jaggu havde været på flyet fra London-Heathrow. De sagde, at han var landet i Brussel Internationale Lufthavn omkring klokken fire om eftermiddagen. Fire timer var gået efter at flyet var landet, men der var ingen oplysninger om Dr. Jaggu.

Med assistance fra lufthavnsarbejdere søgte de lokale Amma-hengivne grundigt over hele lufthavnen. Lufthavnens kaldesystem udråbte Jaggus navn adskillige gange. Der kom overhovedet intet svar, og der var intet spor af Jaggu nogen steder.

Til sidst var alle nødt til at tro på, at Dr. Jaggu var faret vild et eller andet sted, enten i den gigantiske lufthavn eller i selve Bryssel i et desperat forsøg på at nå programmet.

I mellemtiden sad Amma i lyksalighed og øvede sig på nogle nye bhajans, helt afslappet midt i hele tur-gruppen.

Da alle var en smule bekymrede og nervøse over Jaggus uventede forsvinden, meddelte jeg Amma nyheden midt i en bhajan. Jeg forventede af hende, at hun ville give kraftigt udtryk for sin moderlige bekymring. Men til min forbavselse vendte Amma sig og sagde: "Kom nu, syng den næste sang."

For mig var det et godt tegn. Da jeg så, at Amma tog situationen med knusende ro, sagde jeg til de hengivne: "Jeg tror, at Jaggu er helt i sikkerhed, fordi Amma tager det så roligt. Hvis der havde været noget i vejen, så ville hun have været langt mere bekymret."

Bare nogle få minutter senere, kom brahmachari Dayamrita og sagde: "Jaggu dukkede op ved hovedindgangen." Næsten samtidigt kom Dr. Jaggu gående ind med et stort smil på sit lille ansigt.

Men ifølge den eventyrlige historie, som Jaggu fortalte den, så var han faktisk faret vild. Han sagde: "Da jeg kom ud af lufthavnen, var der ingen. Jeg vidste ikke, hvad jeg skulle gøre. Skønt jeg var lidt urolig, stolede jeg helt og holdent på, at Amma ville sende en eller anden for at redde mig ud af denne usædvanlige situation. Gudskelov havde jeg adressen på stedet, hvor Ammas program skulle afholdes. Et ægtepar fik medlidenhed med mig og hjalp mig herhen."

Amma sagde: "Amma var godt klar over, at du havde det okay og ville finde vej hertil. Det er derfor Amma var helt rolig, da de fortalte hende, at du var savnet."

Senere den aften spurgte jeg Amma, hvordan hun kunne vide, at der ikke var sket Jaggu noget. Hun sagde: "Det vidste Amma bare."

"Men hvordan?" Min nysgerrighed var vakt.

Amma sagde: "Lige som man ser sit eget ansigt i et spejl, kunne Amma se, at han var i god behold."

Jeg spurgte: "Så du Jaggu få hjælp, eller fik du ægteparret til at hjælpe ham?"

Amma ville ikke sige mere om det, selvom jeg prøvede flere gange.

Vold

S pørgsmål: Amma, kan vold og krig nogensinde blive et middel til fred?

Amma: Krig kan ikke være et middel til at opnå fred. Det er en uomtvistelig sandhed, som historien har vist os. Medmindre der finder en transformation sted i ens bevidsthed, vil fred være en by i Rusland. Kun en spirituel måde at tænke på og et spirituelt liv kan føre til den transformation. Derfor må vi udelukke krig som en løsning, hvis vi ønsker at forbedre en situation.

Fred og vold er modsætninger. Vold er en stærk reaktion, men intet svar i sig selv. Reaktion fremkalder flere reaktioner. Det er simpel logik. Amma har hørt, at der i England var en særlig måde at afstraffe tyve på. Man bragte synderen til et vejkryds, hvor man piskede ham nøgen i overværelse af en stor menneskemængde. Formålet var at lade hele byen vide, hvilken afstraffelse der ville

163

overgå dem, hvis de begik en forbrydelse. Men man blev snart nødt til at forandre det system, da sådanne situationer skabte en helt vidunderlig mulighed for lommetyve. De udnyttede tiden til at tømme lommerne på dem, der var optaget af at følge med i begivenhederne. Selve afstraffelsesstedet blev et udklækningssted for nye forbrydelser.

Spørgsmål: Betyder det, at der ikke bør være nogen afstraffelse overhovedet?

Amma: Nej, nej, overhovedet ikke. Da størstedelen af verdens befolkning ikke kan finde ud af at bruge deres frihed til gavn for samfundet, er en vis portion frygt – "Jeg bliver straffet, hvis jeg overtræder loven" – i orden. Men at vælge voldens og krigens vej til at oprette fred og harmoni i samfundet vil ikke have nogen varig effekt. Det er simpelthen, fordi vold skaber dybe sår og sårer følelser i samfundets sind, som så til gengæld vil manifestere sig som stærkere vold og konflikt på et senere tidspunkt.

Spørgsmål: Hvad er så løsningen?

Amma: Gør hvad du kan for at udvide din individuelle bevidsthed. Kun en udvidet bevidsthed er i stand til sand forståelse. Sådanne mennesker alene vil være i stand til at forandre samfundets syn. Det er derfor, at spiritualitet er så vigtig i vor tids verden.

Uvidenhed er selve problemet!

S pørgsmål: Er der nogen forskel på de problemer folk har i Indien og i Vesten?

Amma: For en ydre betragtning er problemer forskellige hos mennesker i Indien og i Vesten. Men det fundamentale problem, roden til alle problemer overalt i verden, er ét og samme: Uvidenhed. Uvidenhed om *Atman* (Selvet), om vor essens.

For megen bekymring for fysisk sikkerhed og for lidt bekymring for spirituel sikkerhed er det, der kendetegner den moderne verden. Det fokus bør flyttes. Amma siger ikke, at folk ikke skal bekymre sig om deres krop og deres fysiske tilværelse. Nej, det er ikke det, der er pointen. Det basale problem er forvirringen omkring, hvad der er uforgængeligt og hvad der er forgængeligt. Det forgængelige, som er kroppen, tillægger vi alt for stor betydning, mens det uforgængelige, som er *Atman*, forsvinder i glemslen. Vi bør ændre den indstilling.

Spørgsmål: Ser du muligheder for forandringer i samfundet?

Amma: Mulighederne er der altid. Det vigtige spørgsmål er, om samfundet og det enkelte menneske er villige til at forandre sig. I et klasseværelse får alle eleverne den samme mulighed. Men hvor meget den enkelte elev lærer, afhænger af hans eller hendes modtagelighed.

I vor tid ønsker alle, at de andre skal forandre sig først. Det er svært at finde mennesker, som oprigtigt mener, at det er dem selv, der skal forandre sig. I stedet for at synes at andre skal forandre sig først, skulle hvert enkelt menneske gøre sig umage for at forandre sig selv. Hvis ikke en transformation finder sted i vort indre, så vil den ydre verden mere eller mindre forblive den samme.

Om at forstå ydmyghed rigtigt

Til en hengiven, som stillede et spørgsmål om ydmyghed:

Amma: Når vi siger: "Den person er så ydmyg," så betyder det almindeligvis: "Han har støttet mit ego og hjulpet mig med at holde det uskadt. Jeg ville have, at han gjorde noget for mig, og han gjorde det uden indvendinger. Altså er han ydmyg."

Det er den faktiske mening bag det udsagn. Men lige så snart "den ydmyge" åbner munden og bestrider hvad vi siger, selv hvis det er med god grund, så skifter vi mening. Så siger vi "Han er ikke så ydmyg, som jeg troede". Det betyder: "Han har såret mit ego, og derfor er han ikke så ydmyg."

Er vi noget særligt?

Reporter: Amma, mener du, at mennesker i dette land er noget særligt?

Amma: Hvad Amma angår, så er hele menneskeheden, hele skabelsen, noget helt særligt, fordi det guddommelige er i alle. Amma ser også den guddommelighed i de mennesker, der er her. Så I er alle noget særligt.

Selv-hjælp og selv-hjælp

S pørgsmål: Selv-hjælps metoder og selv-hjælps bøger er blevet meget populære i det vestlige samfund. Amma, vil du godt fortælle os, hvad du mener om det?

Amma: Det hele afhænger af, hvad man forstår ved selv-hjælp.

Spørgsmål: Hvad mener du med det?

Amma: Er det Selv-hjælp eller selv-hjælp?

Spørgsmål: Hvad er forskellen?

Amma: Virkelig Selv-hjælp hjælper dit hjerte til at blomstre, mens selv-hjælp styrker egoet.

Spørgsmål: Hvad foreslår du, Amma?

Amma: "Accepter Sandheden" er, hvad Amma ville sige.

Spørger: Jeg forstår ikke rigtigt.

Amma: Nej, det gør du ikke, og det skyldes dit ego. For det egoet gør, er nemlig at forhindre dig i at forstå Sandheden.

Spørgsmål: Hvordan kan jeg få Sandheden at se?

Amma: For at se Sandheden, bliver du først nødt til at erkende dit eget ego (det usande), som ude af stand til at erkende sandheden.

Spørgsmål: Er egoet virkelig en illusion?

Amma: Accepterer du det, hvis Amma siger det?

Spørger: Hmmm….Hvis du vil have det.

Amma: (ler) Hvis *Amma* vil have det? Det det drejer sig om er, om du ønsker at høre og acceptere Sandheden?

Spørgsmål: Ja, jeg ønsker at høre og acceptere Sandheden.

Amma: Så er Sandheden Gud.

Spørger: Det betyder, at egoet er uvirkeligt, gør det ikke?

Amma: Egoet er uvirkeligt. Det er din egen indre forvirring.

Spørger: Så enhver bærer på den forvirring, hvor de end er?

Amma: Ja, mennesker er ved at blive "omvandrende forvirringer".

170

Spørgsmål: Hvad er så det næste skridt?

Amma: Hvis du ønsker at styrke egoet, så skal du arbejde på selv at blive stærkere. Men hvis du ønsker Selv-hjælp, så skal du søge Guds hjælp.

Spørger: Mange mennesker er bange for at miste deres ego. De tror at det er grundlaget for deres eksistens her i verden.

Amma: Hvis du virkelig ønsker at søge Guds hjælp til at opdage dit sande Selv, så skal du ikke være bange for at miste dit ego, det lille selv.

Spørgsmål: Men når jeg styrker mit ego, så får jeg en umiddelbar oplevelse af gevinst af verdslig art. Hvorimod hvis jeg mister mit ego, så er den oplevelse jeg får, ikke så direkte og umiddelbar.

Amma: Det er derfor, tro er så vigtig på vejen til det sande Selv. For at alt kan udvikle sig på bedste måde og give det rigtige resultat, bør den rigtige kontakt etableres og man må øse af de rigtige kilder. Hvad spiritualiteten angår, så er kontaktpunktet og kilden i dig selv. Ram det punkt, så får du en direkte og umiddelbar oplevelse.

171

Egoets lille flamme

Amma: Egoet er kun en meget lille flamme, som kan udslukkes hvert øjeblik.

Spørgsmål: Hvordan beskriver du egoet i denne sammenhæng?

Amma: Alt hvad man samler sammen – navn, ry, penge, magt, position – de giver alle næring til egoets lille flamme, som kan slukkes hvert øjeblik det skal være. Selv kroppen og sindet er del af egoet. De er alle forgængelige af natur, derfor er de også del af denne lille ubetydelige flamme.

Spørgsmål: Men Amma, de ting er vigtige for et normalt menneske.

Amma: Selvfølgelig er de vigtige. Men det betyder ikke at de er uforgængelige. De er banale fordi de er forgængelige. Man kan miste dem hvert øjeblik. Tiden vil snuppe dem fra en uden varsel. At bruge og nyde alle disse ting er i orden, men at anse dem for evige, er en misforståelse. Med andre ord: forstå, at de er forgængelige og vær ikke for stolt af dem.

At opbygge sin egen indre forbindelse med det evige og uforanderlige, med Gud, eller Selvet, det er det vigtigste i livet. Gud er selve kilden til vores liv og vores tilværelse. Alt andet er underordnet. Sand Selv-hjælp sker kun ved at du etablerer din forbindelse med Gud – det sande *bindu* (center) – og ikke til det, som er underordnet.

Spørgsmål: Amma, opnår vi noget ved at udslukke egoets lille flamme. Vi mister måske tværtimod vor identitet som det menneske, vi er?

Amma: Ved at slukke for egoets lille flamme mister man selvfølgelig sin identitet som et lille, begrænset individ. Men det betyder slet ikke noget sammenlignet med, hvad man vinder ved det tilsyneladende tab – den rene videns sol, det uudslukkelige lys. Når man mister sin identitet som et lille begrænset selv, bliver man tilmed ét med det Største af det Største: Universet, den absolutte bevidsthed. For at opnå denne erfaring, har man brug for en *Satguru* (sand Mester) vedvarende vejledning.

Spørgsmål: Er det ikke skræmmende at miste sin identitet?

Amma: Jamen, man mister jo kun ens lille selv. Vort sande Selv kan vi aldrig miste. Når det er skræmmende, er det fordi man er enormt identificeret med sit ego. Jo større ego, jo større frygt og sårbarhed har man.

Nyheder

Journalist: Amma, hvad er din mening om nyheder og nyhedsformidling?

Amma: Meget fin, hvis de udfører deres ansvar overfor samfundet med ærlighed og sandfærdighed. De gør menneskeheden en stor tjeneste.

Amma har hørt en historie: Engang blev en gruppe mænd sendt til en skov for at arbejde i et år. To kvinder blev valgt til at lave mad til dem. Da kontrakten var udløbet, giftede to arbejdere i gruppen sig med de to kvinder. Den næste dag bragte avisen den "varme" nyhed: "To procent af mændene gifter sig med 100 procent af kvinderne."

Journalisten morede sig over historien og fik sig et billigt grin.

Amma: Sådan en fremstilling er okay, hvis det er for sjov, men den dur ikke i redelig journalistik.

Chokolade-toppen og det tredje øje

En hengiven var ved at falde i søvn, da han prøvede at meditere. Amma kastede en chokolade-top hen til ham. Amma sigter helt præcist, og chokoladen rammer lige præcist mellem øjenbrynene. Manden åbnede øjnene med et sæt. Med chokoladen i hånden kiggede manden sig om for at finde ud af, hvor den kom fra. Da Amma så hans forlegenhed, brast hun i latter. Da det gik op for manden, at det var Amma, der havde kastet den, lyste hans ansigt op. Han berørte sin pande med chokoladen, som om han bukkede for den. Men det næste øjeblik lo han højt og rejste sig fra sin plads og gik op til Amma.

Spørger: Toppen ramte det rigtige sted, mellem øjenbrynene, det spirituelle center. Måske hjælper det med til at åbne mit tredje øje.

Amma: Nej, det gør ikke.

Spørgsmål: Hvorfor det?

Amma: Fordi du sagde "måske". Det betyder, at du tvivler. Din tro er ikke stærk nok. Hvordan kan det ske, hvis din tro ikke er stærk?

Spørgsmål: Så det du siger, er at det ville være sket, hvis min tro havde været stærk nok?

Amma: Ja, hvis din tro er stærk, kan oplysningen ske når som helst og hvor som helst.

Spørgsmål: Mener du det?

Amma: Ja, selvfølgelig.

Spørger: Åh Gud, der gik jeg glip af alle tiders chance!

Amma: Lad være med at bekymre dig, vær opmærksom og årvågen. Du får chancen igen. Vær tålmodig og bliv ved med at forsøge.

Manden så lidt skuffet ud og ville gå tilbage til sin plads.

Amma: (idet hun prikkede ham på ryggen) Hvorfor lo du for resten højt?

Da den hengivne hørte spørgsmålet, brød han igen ud i latter.

Spørger: Mens jeg halvsov under min meditation, havde jeg sådan en dejlig drøm. Jeg så, at du smed chokolade-toppen hen til mig for at vække mig. Pludselig vågnede jeg. Det tog mig et øjeblik før det gik op for mig, at du rent faktisk havde smidt en chokolade-top.

Amma brød ud i latter sammen med manden og alle de hengivne, som sad rundt om hende.

Den oplyste tilstands natur

Spørgsmål: Er der noget, der særlig bekymrer eller glæder dig?

Amma: Den ydre Amma bekymrer sig for sine børns ve og vel. Og som en del af hendes hjælp til deres spirituelle vækst kan det godt være, at hun bliver glad eller vred på dem. Men den indre Amma er helt uanfægtet og ikke involveret, hvilende i en uophørlig tilstand af lyksalighed og fred. Hun bliver ikke påvirket af noget som helst, som sker i det ydre. Hun er helt klar over det samlede billede.

Spørger: Den Højeste Tilstand bliver normalt beskrevet med et væld af tillægsord, som: urokkelig, fast, ubevægelig, uforanderlig osv. Det får det til at lyde som om man er i en klippeagtig tilstand. Amma, vil du godt hjælpe mig med at få bedre fat i det her?

Amma: Disse ord bruges for at udtrykke den indre tilstand af u-engagerethed, evnen til at iagttage og være vidne til alting – til at distancere sig fra alle livets omstændigheder.

Men den oplyste tilstand er ikke en klippeagtig tilstand, hvor man mister alle indre følelser. Det er en bevidsthedstilstand, en spirituel kulmination, som man kan trække sig tilbage til og være absorberet i, når som helst man ønsker det. Efter at man er begyndt at øse af energiens uendelige kilde, så får ens evne til at føle og udtrykke alt en særlig, overjordisk skønhed og dybde. Hvis en oplyst ønsker det, kan han eller hun udtrykke følelser helt med den intensitet, som han eller hun føler trang til.

Sri Rama græd, da dæmon-kongen Ravana kidnappede hans hellige hustru Sita. Faktisk gik han rundt i skoven som et ganske almindeligt, dødeligt menneske og spurgte hver eneste skabning i skoven: "Har du set min Sita? Hvor gik hun hen da, hun forlod mig?" Krishnas øjne var fyldt af tårer, da han genså sin ven Sudama efter meget lang tid. Der er lignende situationer i Jesus og Buddhas liv også. Disse Mahatmaer var så åbne som det grænseløse rum og kunne derfor spejle alle de følelser, de ville. De var eftertænksomme, de reagerede ikke blindt.

Spørgsmål: Eftertænksomme?

Amma: Som et spejl svarer en Mahatma på en situation med fuldkommen spontanitet. At spise, når man er sulten, er en respons. Men at spise, hvornår man end ser mad er en reaktion Det er også en sygdom. At handle hensigtsmæssigt på en situation samtidig med, at man ikke lader sig berøre af den, og så gå videre til den næste situation, det er hvad en Mahatma gør.

Det tjener kun et oplyst menneske til større ære og herlighed, at det kan føle og udtrykke sine emotioner og ærligt og uden forbehold dele dem med andre. Det bør man ikke anse for svaghed. Man skulle snarere se det som mere menneskelige udtryk for deres medfølelse og kærlighed. Hvordan skulle almindelige mennesker ellers forstå deres omsorg og kærlighed?

Den der ser

Spørgsmål: Hvad er det, der forhindrer os i at erfare Gud?

Amma: Følelsen af at være anderledes.

Spørgsmål: Hvordan kan vi slippe af med den følelse?

Amma: Ved at blive mere og mere vågne, mere bevidste.

Spørgsmål: Bevidste om hvad?

Amma: Bevidste om alt, hvad der sker i det indre og det ydre.

Spørgsmål: Hvordan bliver vi mere vågne?

Amma: Når I har forstået, at alt hvad sindet projicerer, er meningsløst, så er I vågnet.

Spørgsmål: Amma, i de hellige skrifter står der, at sindet er ubevægeligt, men nu siger du, at sindet projicerer. Det lyder som en modsigelse. Hvordan kan sindet være inaktivt og alligevel projicere?

Amma: Ligesom mennesker, især børn, projicerer forskellige former op på den uendelige himmel. Når små børn ser på himlen, siger de: "Der er en vogn, og der er en dæmon. Oh, se det himmelske væsens ansigt, som det dog stråler!" og så videre. Betyder det, at disse former rent faktisk findes på himlen? Nej, børnene forestiller sig simpelthen disse former på den store himmel. Men det er i virkeligheden skyerne, som antager disse former. Der er ikke andet end himlen, det uendelige rum – og det er os, der lægger betegnelser og former hen over dette uendelige rum.

Spørgsmål: Men hvis sindet er inaktivt, hvordan kan det så endda lægge noget hen over eller tilsløre Atman?

Amma: Selv om det ser ud, som om det er sindet der ser, så er det Atman der virkelig ser. De latente tilbøjeligheder, som vi har akkumuleret gennem vore mange liv, udgør sindet, og de virker som et par briller. Hvert menneske har briller med helt sin egen farve. Afhængig af brilleglassenes farve ser og dømmer vi verden. Bag disse briller er Atman helt stille, som et vidne, der blot ved sit nærvær får alting til at lyse. Men vi tror, at sindet er Atman. Hvis vi forestiller os, at vi har et par solbriller på med lyserøde glas – ser vi så ikke hele verden som lyserød? Og hvem er det så der virkelig ser? "Vi" er den der virkelig ser, og solbrillerne er inaktive, ikke sandt?

Vi kan ikke se solen, hvis vi står bag et træ. Betyder det, at træet er i stand til at dække solen? Nej, vel?

Det viser blot vort syns og vore øjnes begrænsning. På samme måde forholder det sig med følelsen af, at vort sind kan dække for Atman.

Spørgsmål: Hvis vi er skabt af samme natur som Atman, hvorfor skal vi så anstrenge os for at kende Atman?

Amma: Mennesker lider af den fejlopfattelse, at de kan opnå alt ved egne anstrengelser. Disse anstrengelser er i virkeligheden stoltheden i os. På vor vej imod Gud vil alle anstrengelser, som udgår fra egoet, smuldre bort og ende som nederlag. Det her er i virkeligheden et guddommeligt budskab, budskabet om hengivelsens og nådens nødvendighed. Dette vil i sidste ende føre til, at vi indser vore anstrengelsers og vort egos begrænsninger. Kort sagt lærer vore anstrengelser os, at vi ikke vil nå målet ved vore anstrengelser alene. I sidste instans er nåden den afgørende faktor.

Hvad enten vi stræber efter at realisere det guddommelige eller efter at tilfredsstille verdslige behov, så er det nåden der opfylder vores ønsker.

Uskyld er Guddommelig Kraft

Spørgsmål: Er et uskyldigt menneske også undertiden et svagt menneske?

Amma: Uskyld er et ord, som er blevet groft misforstået. Det bruges endog om passive og ængstelige mennesker. Mennesker uden viden og analfabeter betegnes også som regel som uskyldige. Mangel på viden er ikke uskyld. Mangel på viden er mangel på sand kærlighed, kløgt og forståelse, mens uskyld er ren kærlighed i forening med kløgt og forståelse. Det er shakti (guddommelig energi). Selv et ængsteligt menneske har et ego. Et sandt uskyldigt menneske er helt uden ego. Derfor har sådan et menneske den stærkeste kraft.

Amma kan ikke andet

Amma: (til en hengiven under darshan) Hvad tænker du på?

Hengiven: Jeg tænkte på, hvordan det kan være, at du kan sidde så længe, i timevis, og stråle, helt tålmodigt.

Amma: (ler) Min datter, hvordan kan det være, at du tænker hele tiden, uden afbrydelse?

Hengiven: Det sker bare. Jeg kan ikke andet.

Amma: Så det er svaret. Det sker bare, Amma kan ikke andet.

Som at finde den man elsker

*E*n mand stillede Amma et s Spørgsmål om det kærlighedsforhold mellem elskeren og den elskede, som en søgende, der er på hengivelsens vej, ofte føler.

Amma: Kærlighed kan opstå hvor som helst og når som helst. Det er som at få øje på sin elskede i mængden. Du ser hende stå i et hjørne sammen med tusindvis af andre mennesker, men dine øjne ser hende og kun hende. Du lægger mærke til hende, I taler sammen, og bliver forelsket, er det ikke sådan? Du tænker ikke, tankestrømmen stopper, og pludselig er du i hjertet i få øjeblikke. Og så er du forelsket. Det er ligesådan her, det sker i løbet af en brøkdel af et sekund. Pludselig er du der, midt i hjertet, som er ren kærlighed.

Spørgsmål: Hvis det er kærlighedens sande centrum, hvad er det så, der får os til at fokusere på noget andet og fjerne os fra det punkt?

Amma: Besiddetrang – med andre ord: binding. Det dræber skønheden i den rene oplevelse. Når bindingen først får overtaget, så farer man vild og kærligheden bliver til fortvivlelse.

At føle sig anderledes

Spørgsmål: Kan jeg opnå *samadhi* (oplysning) i dette liv?

Amma: Ja, hvorfor ikke?

Spørgsmål: Hvis ja, hvad skal jeg gøre for at fremskynde den proces?

Amma: Glem først og fremmest alt om *samadhi* og fokuser helt på din *sadhana* (praksis) med al din tro. En sand *sadhak* (spirituel aspirant) tror mere på nutiden end på fremtiden. Når vi lægger al vor tro i nuet, så vil al vor energi også samle sig her og nu. Resultatet er overgivelse; overgivelse til Nuet, og så sker det.

Alt sker spontant, hvis du distancerer dig fra sindet. Når det først sker, så er du totalt i Nuet. Sindet er "det andet" i dig. Denne følelse af at være "anderledes end" kommer fra sindet.

Amma vil fortælle en historie: Der var engang en berømt arkitekt. Han havde nogle elever. Arkitekten havde et helt specielt forhold til én af eleverne. Han ville ikke fortsætte med sine nye opgaver, før eleven havde godkendt dem han lige havde afsluttet. Hvis eleven forkastede en tegning eller et udkast, så opgav arkitekten det omgående. Arkitekten tegnede det ene udkast efter det andet, indtil han fik elevens ja. Arkitekten var besat af at høre denne elevs mening. Han nægtede at gå videre, medmindre eleven sagde: "Okay, Sir, gå så videre med det udkast."

Engang skulle de tegne en dør til et tempel. Arkitekten påbegyndte forskellige udkast. Som sædvanlig viste han eleven hvert eneste. Eleven sagde nej til alt, hvad arkitekten fremlagde. Han arbejdede dag og nat med hundredvis af nye udkast, men eleven kunne ikke lide nogen af dem. Tiden var ved at løbe ud, og de var nødt til at blive hurtigt færdige. På et tidspunkt sendte arkitekten eleven ud for at fylde hans fyldepen op. Det varede nogen tid, før eleven vendte tilbage. I mellemtiden var arkitekten fordybet i en ny model. I det øjeblik eleven kom ind i værelset, blev arkitekten færdig med den nye model, og viste den til eleven og spurgte: "Nå, hvad siger du så?"

"Ja, der er den," sagde eleven begejstret.

"Nu ved jeg hvorfor!" svarede arkitekten. "Indtil nu var jeg besat af din tilstedeværelse og din mening. Derfor kunne jeg aldrig rigtig være 100 % tilstede her og nu i, hvad jeg lavede. Men nu, hvor du var væk, var jeg fri, afslappet og havde hengivet mig til øjeblikket. Sådan gik det til."

I virkeligheden var det ikke elevens tilstedeværelse, men arkitektens binding til hans meninger, der skabte problemer. Da han først kunne distancere sig fra det, var han pludselig i øjeblikket og der opstod en sand kreativitet.

Hvis du tror, at *samadhi* er noget, der sker i fremtiden, så sidder du og drømmer om det. En masse *shakti* (guddommelig energi) går tabt ved at man drømmer om *samadhi*. Kanaliser din *shakti* rigtigt, brug den til at fokusere på Nuet, så sker meditation eller samadhi simpelthen. Målet ligger ikke i fremtiden, det ligger i Nuet.

At være helt tilstede i Nuet er så sandelig samadhi, og det er sand meditation.

Er Gud mand eller kvinde?

Spørgsmål: Amma, er Gud mand eller kvinde?

Amma: Gud er hverken "han" eller "hun". Gud lader sig ikke indfange af så begrænsede definitioner. Gud er "Det". Men hvis man har brug for at definere Gud som enten "han" eller "hun", så er "hun" bedre, fordi "han" er indeholdt i "hun".

Spørgsmål: Dette svar irriterer måske mænd, fordi det stiller kvinder op på en højere piedestal.

Amma: Hverken mænd eller kvinder skal op på en højere piedestal, da Gud har givet dem begge hver deres helt egen smukke plads. Mænd og kvinder er ikke skabt for at konkurrere med hinanden, men for at supplere hinanden.

187

Spørgsmål: Hvad mener du med at "supplere"?

Amma: Det Amma mener, er at man støtter hinanden på rejsen mod det Fuldkomne.

Spørgsmål: Amma, synes du ikke, at mange mænd føler sig kvinder overlegne?

Amma: Hvad enten det drejer sig om følelsen af "jeg er overlegen" eller "jeg er underlegen", så er begge følelser et produkt af egoet. Hvis mænd føler: "Vi er kvinder overlegne," så viser det blot mænds over-oppustede ego, hvad der helt bestemt er en alvorlig svaghed og også destruktivt. Sådan er det også med kvinder, når de føler sig mænd underlegne, så betyder det simpelthen: "Vi er underlegne nu, men vi ønsker at være overlegne." Hvad andet er det end ego? Begge holdninger er uhensigtsmæssige og usunde, og de vil forøge kløften mellem mænd og kvinder. Hvis vi ikke vil bygge bro over den kløft ved at give både mænd og kvinder den kærlighed og respekt, der tilkommer dem, så bliver menneskehedens fremtid blot endnu mørkere.

Spiritualitet skaber ligevægt

Spørgsmål: Amma, da du sagde at Gud er mere "hun" end "han", da tænkte du ikke på den ydre form, vel?

Amma: Nej, det er ikke det, som ses udadtil, men det som sker indadtil, som tæller. Der er en kvinde i enhver mand og omvendt. Kvinden i manden – dvs. sand kærlighed og medfølelse i manden - skal vågne. Det er det, der er betydningen bag symbolet Ardhanarishwara (gudeskulptur, halvt gud og halvt gudinde) i den hinduistiske tro. Hvis det kvindelige aspekt i en kvinde sover, så er hun ikke en moder og langt fra Gud. Men hvis det aspekt vågner i en mand, så er han mere en moder og nærmere Gud. På samme måde er det med det mandlige aspekt. Det er selve formålet med spirituelt arbejde at skabe den rette ligevægt mellem det mandlige og det kvindelige. Så den indre bevidstheds opvågnen er altså vigtigere end den ydre fremtoning.

Binding og kærlighed

En midaldrende mand var ved at forklare Amma, hvor ked af det han var efter sin skilsmisse.

Spørgsmål: Amma, jeg elskede hende så højt og gjorde alt for at gøre hende lykkelig. Men alligevel kom denne tragedie ind i mit liv. Engang imellem er jeg helt knust. Vil du ikke nok hjælpe mig? Hvad skal jeg gøre? Hvordan kan jeg komme over den smerte?

Amma: Kære søn, Amma forstår din smerte og dine lidelser. Det er svært at komme over sådan en følelsesmæssigt deprimerende situation. Men det er også vigtigt, at du kommer til rigtigt at forstå, hvad du går igennem lige nu, især fordi det er blevet en blokering i dit liv.

Det vigtigste for dig er at overveje, om den smerte kommer af sand kærlighed eller af en binding. I sand kærlighed er der ingen selvdestruktiv smerte. Så elsker du hende bare, og ejer hende ikke. Du er nok for bundet til hende eller for besiddende. Det er det, denne smerte og disse deprimerende tanker kommer fra.

Spørgsmål: Men har du så en enkel metode eller teknik til at overvinde denne selvdestruktive smerte?

Amma: "Er jeg faktisk forelsket eller er jeg blot for bundet?" Stil dig selv det spørgsmål, så dybt du overhovedet kan. Mediter over det. Så vil det hurtigt gå op for dig, at den kærlighed vi kender i virkeligheden er en binding. De fleste mennesker længes efter binding, ikke efter sand kærlighed. Det er derfor, at Amma kalder den kærlighed for en illusion. På en måde bedrager vi os selv. Vi forveksler binding med rigtig kærlighed. Kærlighed er centrum og binding er i periferien. Vær i centrum og giv slip på periferien. Så vil smerten forsvinde.

Spørgsmål: (med tilståelse i stemmen) Du har ret. Jeg kan se, at min mest dominerende følelse overfor min forhenværende kone er binding, ikke kærlighed, som du ganske rigtigt sagde.

Amma: Hvis du har indset, hvad den inderste årsag til smerten er, så slip den og bliv fri. Sygdommen har fået en diagnose, vi har fundet det betændte sår - fjern det så! Hvorfor vil du bære på denne unødvendige byrde. Smid den bort.

Om at møde livets farer

Spørgsmål: Amma, hvordan får jeg øje på de farer, som venter mig i livet?

Amma: Ved at optræne dit sinds fine skelneevne.

Spørgsmål: Et sinds "fine skelneevne"? Er det det samme som et sind, der kan skelne mellem fine nuancer?

Amma: Nej, det drejer sig om sindets evne til at forblive årvågent i Nuet.

Spørgsmål: Men, Amma, hvordan kan det advare mig mod kommende farer?

Amma: Hvis du er årvågen i Nuet, vil du møde færre farer i fremtiden. Men du kan dog ikke undgå eller afværge alle farer.

Spørgsmål: Kan *jyotish* (vedisk astrologi) hjælpe os med at forstå fremtiden bedre og undgå mulige farer?

Amma: Selv eksperter på det område gennemgår vanskelige perioder i deres liv. Der findes astrologer, der har meget ringe indsigt og intuition. Sådanne mennesker udsætter såvel deres eget som andres liv for fare. Det er ikke kendskab til astrologi eller det at få tydet dit horoskop, der styrer dig udenom livets farer. Det er dybere forståelse for livet og en indsigtsfuld omgang med forskellige situationer, som virkelig hjælper dig til at få mere fred og færre problemer.

Spørgsmål: Er skelneevne og forståelse en og samme ting?

Amma: Ja, det er det samme. Jo finere ens skelneevne bliver, jo mere forståelse får man, og omvendt.

Jo bedre du er til at være i Nuet, jo mere årvågen bliver du, og jo flere åbenbaringer får du. Du får flere budskaber fra det guddommelige. Hvert øjeblik kommer de budskaber. Hvis du er åben og modtagelig, kan du mærke dem.

Spørgsmål: Amma, du siger, at disse åbenbaringer kan hjælpe os med at erkende mulige farer i fremtiden?

Amma: Ja, man får tips og signaler fra sådanne åbenbaringer.

Spørgsmål: Hvordan er de tips og signaler?

Amma: Hvordan ved man, at man får migræne? Man føler sig meget utilpas og begynder at se sorte prikker for øjnene, ikke? Når så sygdommen bryder ud, så tager du den rigtige medicin og det hjælper. På samme måde kommer der visse signaler i livet, før nederlag eller farer er en realitet. Som regel får folk ikke fat i dem. Men hvis du har et sind, der er klarere og mere modtageligt, så kan du mærke dem og tage de nødvendige forholdsregler for at overvinde dem.

Amma har hørt følgende anekdote:

En journalist interviewede en stor forretningsmand. Journalisten spurgte: "Hr., hvad er hemmeligheden bag Deras succes?"

Forretningsmanden: "To ord."

Journalisten: "Hvilke?"

Forretningsmanden: "Rigtige beslutninger."

Journalisten: "Hvordan tager man rigtige beslutninger?"

Forretningsmanden: "Ét ord."

Journalisten: "Hvad er det?"

Forretningsmanden: "Erfaring."

Journalisten: "Hvordan opnår man sådan en erfaring?"

Forretningsmanden: "To ord."

Journalisten: "Hvilke ord?"

Forretningsmanden: "Forkerte beslutninger."

Så, søn, der kan du se, det hele afhænger af, hvordan man accepterer, forstår og helhjertet hengiver sig til en situation.

Nu skal Amma fortælle endnu en historie:

Engang besøgte Kaurava-brødrene Indraprastha, Pandava-brødrenes kongeby, inviteret af Yudhishthira.

Byen var så kunstfærdigt anlagt, at nogle steder lignede smukke søer, men i virkeligheden var de blot helt almindelige gulve. Ligesådan var der andre steder, som – selvom de så ud som almindelige gulve – i virkeligheden var damme fyldt med vand. Hele miljøet havde noget overnaturligt over sig. Da de 100 Kaurava-brødre, anført af Duryodhana, den ældste Kaurava, gik igennem den smukke have, tog de det meste af tøjet af for at svømme, fordi de troede, at det, der var foran dem, var en dam. Ikke desto mindre var det et almindeligt gulv, som blot så ud som en dam. Men inden længe faldt alle Kaurava-brødrene, inklusive Duryodhana, i en rigtig dam, som så ud som et helt almindeligt gulv, og de blev totalt gennemblødte. Panchali, konen til de fem Pandava-brødre, brast i latter ved det komiske syn. Det følte Duryodhana og hans brødre som en meget stor fornærmelse.

Dette var en af de vigtigste begivenheder, som forårsagede en mængde vrede og hævnfølelser hos Kaurava brødrene, som senere førte til Mahabharatakrigen og dens enorme ødelæggelser.

Den historie er meget vigtig. I det virkelige liv står vi også overfor en mængde situationer, som forekommer os virkelig farlige, og så træffer vi en mængde forholdsregler, når vi står i de situationer. Men måske viser de sig til sidst at være helt harmløse. Andre omstændigheder forekommer os måske helt uskyldige, men viser sig til sidst at være meget kritiske. Alt har betydning. Derfor er det vigtigt, at vi har *shraddha*, (fin skelneevne, årvågenhed, klarhed) når vi møder livet og de forskellige erfaringer, som det giver os.

Man skal ikke samle sig skatte af Guds gaver

Spørgsmål: Er det syndigt at samle sammen og eje?

Amma: Ikke, så længe man har medfølelse. Med andre ord skal man være villig til at dele med de fattige, med dem der lider.

Spørgsmål: Ellers?

Amma: Ellers er det en synd.

Spørgsmål: Hvorfor?

Amma: Fordi alt, hvad der eksisterer, tilhører Gud. Vi har det kun til låns, vore besiddelser kommer og går.

Spørgsmål: Men ønsker Gud ikke, at vi bruger alt, hvad han har skabt for os?

Amma: Selvfølgelig, men Gud ønsker ikke, at vi misbruger Hans gaver. Gud ønsker, at vi bruger vores fine skelneevne, mens vi nyder alt, hvad Han har skabt.

Spørgsmål: Hvad mener du med fine skelneevne?

Amma: Med skelneevne mener jeg indsigt til at bruge vor erfaring på en sådan måde, at vi holder os på den rette vej. Med andre ord: at kunne skelne er at bruge sin viden og erfaring til at skelne mellem *dharma* og *adharma*, mellem rigtigt og forkert, mellem evigt og forgængeligt.

Spørgsmål: Hvordan bruger vi så verdslige ting med shraddha?

Amma: Giv afkald på at eje dem. Betragt alle ting som kommende fra Gud og nyd dem. Denne verden er en overgangsfase. Vi er her i en kort tid som gæster. Men på grund af vores uvidenhed deler vi alt op, hver tomme land, i mit og dit. Det stykke land, som vi hævder, at vi ejer, har tilhørt mange før os selv. Nu ligger de forrige ejere begravet der. Måske er det vores rolle i dag at være ejeren, men vi skal huske, at vi en dag ikke er mere. Så vil der være en anden til at gå i ens sko. Altså, hvad mening giver det så at tale om at eje?

Spørgsmål: Hvilken rolle skal jeg så spille her?

Amma: Vær Guds tjener. Gud er alle tings giver og ønsker, at vi skal dele hans rigdom med alle andre. Hvis det er Guds vilje, hvem er du så, at du beholder dem for dig selv? Hvis du mod Guds vilje nægter at dele dem med andre, så er det det samme som, at du samler dig skatte, og det er det samme som at stjæle. Man skal have den holdning, at man er gæst i denne verden.

Engang kom der en mand og besøgte en Mahatma. Da manden ikke kunne få øje på nogen møbler eller smukke ting i huset, spurgte manden den store sjæl: "Det er mærkeligt, at der ingen møbler er her?"

"Hvem er du?" spurgte Mahatmaen ham.

"Jeg er gæst," svarede manden.

"Det er jeg også," sagde Mahatmaen. "Hvorfor skulle jeg så være så dum at gå og samle på ting?"

Amma og naturen

S pørgsmål: Hvad er dit forhold til naturen?

Amma: Ammas forbindelse med naturen er ikke et forhold, det er en total énhed. Et menneske, der elsker Gud, elsker også naturen, fordi Gud og naturen ikke er to forskellige ting. Når man først har nået den oplyste tilstand, bliver man forbundet med hele universet. I Ammas forhold til naturen er der ingen elsker og ingen elsket – kun kærligheden ER. Der er ikke to, der er kun én, der er kun kærlighed.

I almindelige forhold er der som regel ingen sand kærlighed. I almindelige kærlighedsforhold er der to – eller man kunne sige tre – elskeren, den elskede, og kærligheden. Men i sand kærlighed forsvinder elskeren og den elskede, og tilbage er kun den fuldkomne oplevelse af ren, betingelsesløs kærlighed.

Spørgsmål: Hvad betyder naturen for os mennesker?

Amma: For os mennesker betyder naturen livet selv. Den er uadskillelig fra vores eksistens. Det er et gensidigt forhold, som foregår hvert øjeblik og på alle niveauer. Ikke alene er vi helt afhængige af naturen, men vi påvirker den og den påvirker os. Og når vi virkelig elsker naturen, så svarer den kærligt og åbner sine uendelige ressourcer for os. Og lige som når vi virkelig elsker et andet menneske, bør vi i vor kærlighed til naturen være uendelig trofaste, tålmodige og medfølende.

Spørgsmål: Er dette forhold en udveksling eller er det gensidig støtte?

Amma: Det er både og og mere end det. Men naturen vil bestå uden mennesker, den ved godt, hvordan den skal tage vare på sig selv. Men vi mennesker har brug for naturens støtte for at eksistere.

Spørgsmål: Hvad sker der, når udvekslingen mellem natur og menneske bliver fuldkommen?

Amma: Så vil den holde op med at skjule noget for os. Den vil åbne sine uudtømmelige kister af naturlige skatte og give os lov til at nyde dem. Hun vil beskytte os, pleje og nære os som en moder.

I et fuldkomment forhold mellem menneskeheden og naturen skabes der et cirkulært energifelt, hvor de begynder at smelte sammen. Eller med andre ord: Når vi mennesker begynder at blive forelsket i naturen, vil den begynde at forelske sig i os.

Spørgsmål: Hvad er det, der får os mennesker til at være så grusomme mod naturen? Er det egoisme eller uvidenhed?

Amma: Det er både og. Det er faktisk mangel på forståelse, der manifesterer sig som egoistiske handlinger. Dybest set er det uvidenhed. Og på grund af denne uvidenhed tror mennesker, at naturen blot er et sted, som de kan blive ved med at tage fra uden at give noget tilbage. De fleste mennesker kender kun udnyttelsens sprog. På grund af deres totale egoisme er de ude af stand til at tage hensyn til deres medskabninger. I verden af i dag er vores forhold til naturen blot en forlængelse af den egoisme, vi føler i os selv.

Spørgsmål: Amma, hvad mener du med at tage hensyn til andre?

Amma: Hvad Amma mener, er at have en medfølende holdning til sine medskabninger. For at kunne tage hensyn til sine medskabninger – naturen eller mennesker – er den vigtigste egenskab vi skal udvikle, en dyb indre forbundenhed, en forbundenhed med vor egen samvittighed. Samvittighed i egentlig forstand er evnen til at se andre som sig selv. Lige som vi ser vort eget billede i et spejl, ser vi andre som os selv. Man genspejler andre, deres følelser, både lykke og sorg. Vi bliver nødt til at udvikle denne evne i vort forhold til naturen.

Spørgsmål: De oprindelige beboere i dette land var indianerne. De tilbad naturen og var dybt forbundne med den. Skulle vi efter din mening også gøre det?

Amma: Hvad hver enkelt bør gøre, afhænger af deres psykologiske beskaffenhed. Men naturen er en del af livet, en del af et hele. Naturen er virkelig Gud selv. At ære naturen er det samme som at ære Gud.

Ved at hylde bjerget Govardhana lærte Krishna os en vigtig ting: At gøre tilbedelsen af naturen til en daglig foreteelse. Han bad sine folk om at tilbede bjerget Govardhana, fordi det beskyttede dem. Ligesom også Kong Rama gjorde tre dages hårde bodsøvelser for at formilde havet, inden han byggede broen over havet. Selv Mahatmaer viser naturen så megen respekt og hensyn og søger dens velsignelse, før de påbegynder en handling. I Indien er der templer for fugle, dyr, træer, og endog firben og giftige slanger. Dette siger jeg for at understrege betydningen af den dybe forbindelse mellem menneske og natur.

Spørgsmål: Amma, hvad råder du til at gøre for at genoprette forholdet mellem mennesker og natur?

Amma: Lad os være medfølende og hensynsfulde, så vi fra naturen kun tager, hvad vi virkelig har brug for, og så prøve at give det tilbage i en vis udstrækning. For kun ved at give får vi. En velsignelse er noget, der vender tilbage til os som svar på vores måde at gribe noget an på. Hvis vi nærmer os naturen med kærlighed, og ser den som livet selv, som Gud, som en del af vores eksistens, så vil den tjene os som vores bedste ven, en ven vi altid kan stole på, en ven der aldrig vil svigte os.

Men hvis vores holdning til naturen er forkert, svarer naturen ikke igen med en velsignelse, men tværtimod med en negativ reaktion. Naturen vil vende sig mod menneskeheden, hvis ikke vi værner om vores forhold til den. Og konsekvenserne kan blive katastrofale.

Mange af Guds smukke skabninger er allerede gået tabt på grund af menneskers hensynsløse adfærd og totale mangel på respekt for naturen. Hvis vi fortsætter på den måde, så vil vi blot bane vej for tragedien.

Sannyas – højdepunktet af menneskelig eksistens

Spørgsmål: Hvad er *sannyas*?

Amma: *Sannyas* er højdepunktet af menneskelig eksistens. Det er fuldbyrdelsen af at fødes som menneske.

Spørgsmål: Er *sannyas* en sindstilstand eller er det noget andet?

Amma: *Sannyas* er både en sindstilstand og en tilstand af fravær af sindsaktivitet.

Spørgsmål: Amma, hvordan vil du forklare den tilstand - eller hvad det så er?

Amma: Når det er svært bare at forklare hvad erfaring er, hvordan skulle man så kunne forklare *sannyas*, den højeste form for erfaring? Det er en tilstand, hvor man har fuldstændig indre valgfrihed.

Spørgsmål: Amma, jeg ved jeg spørger for meget, men hvad mener du med "indre valgfrihed"?

Amma: Mennesker er slaver af deres tanker. Sindet er ikke andet end en uafbrudt tankestrøm. Det tryk der opstår med disse tanker, gør en til et hjælpeløst offer for ydre situationer. Et menneske har utallige tanker og følelser, både overfladiske og grove og mere subtile. Da de fleste mennesker er ikke i stand til at skelne ordentligt mellem de positive på den ene side og de negative på den anden side, mellem de produktive og de destruktive, og så bliver de lette ofre for skadelige impulser og identificerer sig med negative følelser. I den højeste tilstand af *sannyas* har man valgt mellem at identificere sig med eller at undgå at blive involveret i en hvilken som helst følelse eller tanke. Man har valgt mellem at samarbejde eller ikke samarbejde med enhver given tanke, følelse eller situation. Og selvom man vælger at identificere sig med dem, så har man muligheden for at træffe et valg mellem at gå videre eller trække sig når som helst. Og det er sandelig fuldstændig frihed.

Spørgsmål: Hvad betyder det okkerfarvede stof, som *sannyasins* går med?

Amma: Det betyder indre fuldbyrdelse eller det mål man ønsker at nå. Det betyder også, at man ikke længere er interesseret i at præstere noget i verden – det er en åbenlys bekendelse om, at ens liv er viet til Gud og erkendelsen af Selvet. Det betyder, at ens krop og sind brænder op i *vairagyas* (afkaldets) ild, og at man ikke længere tilhører nogen bestemt nation, kaste, tro, sekt eller religion. Men at være *sannyasin* handler ikke bare om den farve tøj, man går i.

Tøjet er bare et symbol, som betegner en måde at leve på, den transcendentale tilstand. *Sannyas* er en indre forandring i holdningen til livet, og en anden måde at opfatte livet på. Man bliver helt ego-løs. Nu tilhører man ikke længere sig selv, men hele verden, og man har stillet sit liv i menneskehedens tjeneste. I den tilstand forventer eller kræver man aldrig noget af nogen. I tilstanden af sand sannyas er man mere en upersonlig tilstedeværelse end en personlighed.

203

Under den ceremoni hvor disciplen modtager sannyas fra Mesteren, klipper disciplen den lille hårpisk, som han altid har haft på baghovedet, af. Og så kaster disciplen både hårpisk og sin hellige tråd[2] på offerbålet. Dette er en symbolsk opgivelse af alle bindinger til krop, sind, intellekt og af alle nydelser for al evighed.

Sannyasins har for det meste langt hår eller de rager det helt af. I gamle dage lod *sannyasins* deres hår gro i dread locks. Dette betyder, at man ingen binding har til kroppen; man er ikke længere interesseret i at pynte kroppen, for den virkelige skønhed ligger i at kende Atman. Kroppen forandrer sig og forgår. Hvad mening er der så i at involvere sig unødigt i den, når ens sande natur ligger i det uforanderlige og udødelige Selv?

At binde sig til det forgængelige er årsagen til alle sorger og lidelser. En sannyasin er et menneske, der har indset denne store sandhed – at den ydre verden er forgængelig, men at bevidsthedens natur er evig og giver skønhed og ynde til alt.

Sand sannyas kan man ikke få af andre, det er snarere en erkendelse man selv virkelig gør.

Spørgsmål: Betyder det, at det er noget man præsterer?

Amma: Du spørger om det samme igen. Sannyas er kulminationen af alle de forberedende øvelser, vi kalder *sadhana* (spirituel praksis).

Ser du, vi kan kun få noget, som vi ikke har, noget som ikke er en del af os. Sannyas- tilstanden er selve kernen i vores tilværelse, det vi virkelig er. Indtil man indser det, kan man kalde det noget vi gør, men når den virkelige sammenhæng først går op for os, så forstår vi, at det er det vi i virkeligheden er, og at vi aldrig har været andet – det er simpelthen ikke muligt.

---

[2] Den hellige tråd består af tre tråde. Yajnopavitam bæres tværs over kroppen og repræsenterer forpligtelser overfor familie, samfund og guru.

Evnen til at vide, hvad vi virkelig er, bor i enhver af os. Men vi er i en tilstand af glemsomhed. Nogen må minde os om denne uendelige kraft, vi har i os.

Et eksempel: En mand lever af at tigge på gaderne. En dag kommer en fremmed hen til ham og siger, "Hej, hvad laver du her? Du er hverken tigger eller omvandrende sigøjner, du er mangemillionær."

Tiggeren tror ikke på, hvad den fremmede siger og går sin vej uden at tage notits af ham.

Men den fremmede giver ikke op, følger efter tiggeren og siger kærligt til ham: "Stol på mig. Jeg er din ven, og jeg vil gerne hjælpe dig. Hvad jeg fortæller dig er sandt, du er virkelig en meget rig mand. Og den skat du ejer er du faktisk meget tæt på."

Nu er tiggerens nysgerrighed vakt, og han spørger: "Meget tæt på? Hvor?"

"Lige indenfor døren i den hytte du bor i" svarer den fremmede. "Du skal bare grave en smule, for at den kan blive din for altid."

Nu ønsker tiggeren ikke længere at spilde så meget som et minut. Han går hjem med det samme og graver skatten op.

Den fremmede er et billede på den sande Mester, som giver os den rette instruktion og overbeviser, overtaler og inspirerer os til at grave den kostelige skat, som ligger latent i os, op. Vi selv har glemt det, men guruen hjælper os til at lære os selv at kende som den, vi virkelig er.

Der er kun én dharma

Spørgsmål: Er der mange *dharmaer?*

Amma: Nej, der er kun én dharma.

Spørger: Men folk taler om forskellige dharmaer.

Amma: Det er fordi de ikke ser den ene virkelighed. De ser kun de mange, de forskellige navne og former.

Og dog, når man taler om det enkelte menneskes vasanas (latente tilbøjeligheder), så er der faktisk mere end én dharma, så at sige. For eksempel siger en musiker måske, at musik er hans eller hendes dharma. Og ligesådan med en forretningsmand, han siger måske, at forretninger er hans dharma. Og det er i orden. Men ingen af disse dharmaer fører til endelig fuldbyrdelse. Fuldkommen fred i sindet kommer kun af den sande dharma. Hvad man end foretager sig, så vil man - med mindre man er tilfreds med sig selv - ikke finde fred, og man vil sidde tilbage med en følelse af, at der mangler noget. Intet, ingen verdslig præstation kan udfylde det tomrum i et menneskes liv. Hvert eneste menneske bliver nødt til at finde sit eget indre centrum, før han eller hun kan gøre sig håb om at opleve denne følelse af opfyldelse. Det er sand dharma. Indtil da vandrer man hvileløst rundt på jagt efter fred og glæde.

Spørgsmål: Hvis man følger dharma konsekvent, får man så både materiel velstand og spirituel vækst?

Amma: Ja, hvis man følger dharma i dens egentlige betydning, så vil det helt sikkert hjælpe én til at få begge dele.

Dæmonkongen Ravana havde to brødre, Kumbhakarna og Vibhishana. Da Ravana kidnappede Sita, kong Ramas hellige hustru, advarede begge brødre Ravana gentagne gange om de forfærdelige konsekvenser, som det kunne medføre, og rådede ham til at sende Sita tilbage til Rama. Han ignorerede deres bønner totalt, og endte med at erklære Rama krig. Skønt Kumbhakarna var bevidst om sin ældre broders umoralske holdning, så gav han alligevel efter for Ravana til sidst, fordi han var knyttet til ham og elskede sin dæmonslægt så højt.

Men Vibhishana derimod var en meget from og hengiven sjæl. Han kunne ikke acceptere sin broders *adharmiske* handlinger. Han fortsatte med at udtrykke sin bekymring og prøvede at ændre sin broders holdning. Men Ravana accepterede aldrig hans synspunkter, han tog dem ikke engang under overvejelse eller så meget som lyttede til ham. Til sidst blev den totaelt egoistiske Ravana så vred over at hans lillebroder stædigt holdt på sit, at han sendte ham i landsforvisning. Vibishana tog tilflugt ved Ramas fødder. I den krig der fulgte, blev Ravana og Kumbhakarna dræbt og Sita befriet. Før Rama vendte tilbage til Ayodhya, hans hjemby, kronede han Vibhishana som Konge af Lanka.

Af alle de tre brødre var Vibhishana den eneste, som kunne skabe ligevægt mellem sin verdslige og sin spirituelle dharma. Hvordan kunne han det? Det var konsekvensen af hans spirituelle livssyn, som influerede selv hans verdslige gøremål, og ikke omvendt. Denne måde at opfylde sine verdslige pligter på fører til sidst til tilstanden af absolut fuldbyrdelse. Hans to brødre derimod havde en verdslig holdning, endog når de opfyldte deres spirituelle dharma. Vibhishanas holdning var uselvisk. Han bad ikke Rama om at gøre ham til konge. Han ønskede bare at være fast forankret i dharma. Men den urokkelige beslutsomhed og det faste løfte, han havde aflagt, fik alle mulige velsignelser til at regne ned over ham. Han vandt både materiel og spirituel velstand.

Spørgsmål: Amma, det var smukt, men oprigtige spirituelt søgende mennesker har intet behov for materiel velstand, har de vel?

Amma: Nej, et oprigtigt, spirituelt søgende menneskes absolut eneste dharma er oplysning. Det vil ikke stille sig tilfreds med mindre end den erfaring. Alt andet er uvigtigt.

Spørgsmål: Amma, jeg har et spørgsmål mere. Tror du, at der findes Ravana'er og Kumbhakarna'er i vor tid? Hvis ja, vil det så være let for Vibhishana'er at overleve?

Amma: (ler) Der er en Ravana og en Kumbhakarna i enhver. Der er kun en gradsforskel. Og selvfølgelig findes der mennesker med ekstremt dæmoniske egenskaber som Ravana og Kumbhakarna også. Faktisk er al den kaos og konflikt, som vi ser i vor tid, ikke andet end den samlede sum af sådanne sind. Men de rigtige Vibhishana'er vil overleve, for de vil tage tilflugt i Rama, eller i Gud, som vil beskytte dem.

Spørgsmål: Skønt jeg sagde, at det var mit sidste spørgsmål, så har jeg faktisk et mere, om Amma tillader.

Amma: (på engelsk) Okay, spørg.

Spørgsmål: Hvad mener du personligt om disse vor tids moderne Ravana'er?

Amma: De er også Ammas børn.

Forenet handling som dharma

I denne Kali Yuga (mørke, materialistiske tidsalder) er der en generel tendens til, at mennesker over hele verden rykker væk fra hinanden. De lever som isolerede øer, uden dybere, indbyrdes kontakt. Det er en farlig tendens, og den vil kun gøre det mørke, der omgiver os endnu tættere. Det er kærlighed, der bygger bro, etablerer en forbindelse, såvel mellem mennesker indbyrdes som mellem menneske og natur. Forenet handling er styrken i vor tid. Så det bør ses som vor tids mest påkrævede dharma (opgaver)."

Hengivelse og årvågenhed

Spørgsmål: Er der en forbindelse mellem årvågenhed og hengivelse?

Amma: Ren hengivelse er ubetinget kærlighed. Ubetinget kærlighed er hengivelse. Total selv-overgivelse betyder at være helt åben eller totalt rummelig. Den åbenhed eller rummelighed er årvågenhed. Det er sandelig at have realiseret det Guddommelige.

At hjælpe disciplen med at åbne sit lukkede hjerte

S pørgsmål: Amma, du siger til dine hengivne og dine disciple, at det er meget nødvendigt med en personlig guru for at kunne nå Gud, men selv anså du hele skabelsen for din guru. Tror du ikke, at det også kunne være et muligt valg for andre mennesker?

Amma: Selvfølgelig kunne det det. Men normalt er der ikke noget, der hedder valgmuligheder på den spirituelle vej.

Spørgsmål: Jamen, i dit tilfælde virkede det da, gjorde det ikke?

Amma: I Ammas tilfælde var der ikke tale om et valg, snarere om noget rent spontant.

Hør her, min søn, Amma tvinger ikke nogen til noget. Mennesker der har en så fast tro, at de ser hver eneste situation, positiv som negativ, som et budskab fra Gud, har ikke brug for en ydre guru. Men hvor mange mennesker har en sådan beslutsomhed og styrke?

Vejen til Gud kan ikke forceres. Det virker ikke. Tværtimod kan tvang ødelægge hele processen. På den spirituelle vej skal guruen være umådeligt tålmodig med sin discipel. Guruen skal hjælpe disciplens lukkede hjerte til at åbne sig helt, ligesom en knop der springer ud som en smuk, duftende blomst.

Disciplene er uvidende og guruen er oplyst. Disciplene har ingen anelse om guruen, eller om det plan som guruen arbejder fra. På grund af deres uvidenhed kan disciplene undertiden blive umådeligt utålmodige. Dømmesyge som de er, begynder de måske endda at kritisere guruen. Og der kan alene den fuldkomne Mesters betingelsesløse kærlighed og medfølelse hjælpe disciplen.

Taknemmelighed og dens betydning

Spørgsmål: Hvilken betydning har det at være taknemmelig overfor Mesteren eller Gud.

Amma: Det er en ydmyg, åben holdning og oprigtige bønner, som hjælper én til at opnå Guds nåde. En sand Mester har intet at vinde eller tabe. Da Mesteren er fast forankret i den Højeste Bevidsthed og hinsides accept eller forkastelse, så er han fuldstændig upåvirket af, om man er taknemmelig eller ej. Men taknemmelighed som holdning gør et menneske modtageligt for Guds nåde. Taknemmelighed er en indre holdning. Vær taknemmelig overfor Gud, for det er den bedste måde til at komme fri af den snævre verden, som vor krop og vort sind skaber, og træde ind i den rummelige, indre verden.

Kraften bag kroppen

Spørgsmål: Er hver sjæl noget helt særligt, har den sin egen adskilte individuelle eksistens?

Amma: Er elektricitet forskellig, når den manifesterer sig i forskellige former i vifter, køleskabe, fjernsyn og andre elektriske instrumenter?

Spørgsmål: Nej, men har sjæle hver deres egen eksistens efter døden?

Amma: Afhængig af deres *karma* (virkninger af akkumulerede handlinger i fortiden) og akkumulerede *vasanas* (tilbøjeligheder) vil de have tilsyneladende adskilte eksistenser.

Spørgsmål: Har vores personlige sjæle begær også i den tilstand?

Amma: Ja, men de kan ikke tilfredsstille dem. Lige som et menneske, der er totalt lammet, ikke kan rejse sig og hente noget han kan lide, så er sådanne sjæle ikke i stand til at tilfredsstille deres begær, da de ikke har en krop.

Spørgsmål: Hvor længe er de i den tilstand?

Amma: Det afhænger af hvor stærk deres *prarabdha karma* er, (læren om at vore handlinger i dette liv er resultat af opsamlet karma fra tidl. liv).

Spørgsmål: Hvad sker der efter at den er opbrugt?

Amma: De bliver født igen, og cyklusen fortsætter indtil de indser, hvem de virkelig er. På grund af vores identifikation med krop og sind tænker vi: "Det er mig, der handler, det er mig, der tænker," osv. Men i virkeligheden kan hverken kroppen eller sindet fungere uden *Atman* (Selvet). Kan nogen maskine fungere uden elektricitet? Er det ikke kraften i elektriciteten, der bevæger det hele? Uden den kraft, så er selv en enorm maskine intet andet end en kæmpe bunke jern og stål. Ligesådan med os selv, hvem eller hvad vi end er, så er det Atman der hjælper os med at gøre alt. Uden det, er vi blot dødt stof.

At glemme Atman og udelukkende dyrke kroppen, er som at se bort fra elektriciteten og forelske sig i et stykke redskab.

To helt afgørende oplevelser

Spørgsmål: Kan fuldkomne Mestre selv vælge tidspunkt og omstændigheder for deres fødsel og død?

Amma: Kun et fuldkomment væsen behersker disse situationer totalt. Alle andre er totalt hjælpeløse under disse to afgørende oplevelser. Der er ingen, der spørger en, hvor man ønsker at blive født, eller hvem eller hvad man gerne vil være. Og ligesådan får man ingen forespørgsel om, hvorvidt man er parat til at dø.

Både det menneske, som konstant beklagede sig over sin lille etværelses lejlighed, og det menneske, der var den heldige ejer af et fornemt gods, vil være tavs og finde sig tilrette i den snævre kiste, når *Atman* (Selvet) har forladt kroppen. Et menneske som ikke kunne leve et sekund uden air-condition, vil ikke have nogen problemer, når dets krop bliver fortæret af flammerne på ligbålet. Hvorfor? Fordi det nu ikke er andet end en død genstand.

Spørgsmål: Døden er en skræmmende oplevelse, ikke?

Amma: Det er skræmmende for dem, der har levet et liv helt identificeret med deres ego, og som helt har ignoreret den virkelighed, som findes hinsides krop og sind.

Om at tage den andens problemer i betragtning

En af Amma's hengivne bad hende om en ukompliceret, let forståelig, kort definition på spiritualitet.

Amma sagde: "At tænke på andre med medfølelse er spiritualitet."

"Alle tiders", sagde manden og rejste sig for at gå. Pludselig greb Amma hans hånd og sagde: "Sid ned."

Manden adlød. Mens Amma holdt fast med den ene hånd i den hengivne, som fik darshan, lænede hun sig tæt ind til ham og spurgte ham på engelsk: "Story?"

Manden blev lidt forvirret: "Amma, ønsker du, at jeg fortæller en historie?"

Amma lo og svarede: "Nej, har du lyst til at høre en historie?"

Manden var spændt og svarede: "Ja, så sandelig! Jeg vil gerne høre din historie. Jeg føler mig så priviligeret."

Amma begyndte så at fortælle historien:

"Engang, da en mand lå og sov med åben mund, fløj der en flue ind i munden på ham. Siden da følte manden, at der fløj en flue rundt i kroppen på ham.

Jo mere han forestillede sig, at fluen fløj rundt inde i ham, jo mere bekymret blev den arme fyr, og kort efter kulminerede hans bekymringer i en intens depression. Han kunne hverken spise eller sove. Der var ingen glæde i hans liv. Hans tanker kredsede hele tiden om fluen. Man så ham jagte den flue fra den ene del af kroppen til den anden.

Han opsøgte læger, psykologer, psykiatere og mange andre for at få dem til at fjerne fluen. Alle sagde til ham: "Hør her, du fejler ikke noget. Du har ikke en flue i kroppen. Selvom du skulle have slugt den, så er den for længst død. Hold op med al den bekymring, du fejler intet."

Men manden kunne ikke tro på nogen af dem og hans lidelser fortsatte. En dag tog en af hans bedste venner ham med til en Mahatma. Da Mahatmaen havde lyttet til hans historie med stor opmærksomhed, undersøgte han ham og sagde: "Du har ret. Du har en flue i kroppen. Jeg kan se, at den bevæger sig."

Mens Mahatmaen stadig kiggede ind i mandens opspærrede mund, sagde han: "Åh min Gud, se her! Den er blevet stor i alle de måneder."

I det øjeblik Mahatmaen udtalte de ord, vendte manden sig mod sin ven og sin kone og sagde: "Der kan I se, de fjolser vidste ikke en brik. Ham her forstår mig. Han opdagede fluen med det samme."

Mahatmaen sagde: "Lad være med at bevæge dig. Selv den mindste bevægelse kan ødelægge hele processen." Så dækkede han manden fra top til tå med et tykt tæppe. "Det fremskynder processen. Jeg gør hele kroppen og endda kroppens indre så mørkt, at fluen ikke kan se noget. Så lad være med at åbne øjnene."

Manden havde allerede fået en så stærk tro på Mahatmaen, at han var 100% villig til at gøre hvad som helst, han bad ham om.

"Nu skal du slappe af og tie stille." Og så gik Mahatmaen ind i et andet værelse for at fange en levende flue. Til sidst lykkedes det ham at fange en og han kom tilbage med den i en flaske.

Mahatmaen begyndte at føre sine hænder blidt hen over patientens krop, alt imens han gav løbende kommentarer om

218

fluens bevægelser. Han sagde: "Nu må du ikke røre på dig, for fluen sidder nu på din mave... Før jeg kunne gøre noget, fløj den op og satte sig på dine lunger. Jeg var lige ved at få fat i den...

Åh nej, den forsvandt igen! Åh nej, hvor er den hurtig! Nu sidder den igen på maven. Okay, nu begynder jeg at recitere et mantra, så fluen ikke kan bevæge sig."

Så lod han som om han fangede fluen og tog den ud af mandens mave. Efter et par sekunder bad Mahatmaen manden om at åbne øjnene og tage tæppet væk. Da han gjorde det, viste Mahatmaen ham fluen som han allerede havde fanget og puttet i flasken.

Manden jublede. Han begyndte at danse. Han sagde til sin kone: "Jeg har sagt til dig hundrede gange, at jeg havde ret, og at de psykologer var nogle idioter. Nu tager jeg lige hen til dem. Jeg vil have alle pengene tilbage."

I virkeligheden var der ingen flue. Den eneste forskel var, at Mahatmaen tog mandens psyke i betragtning, det gjorde de andre ikke. Hvad de sagde, var sandt, men de hjalp ikke manden, mens Mahatmaen derimod understøttede ham, viste ham sympati, forstod ham og viste ham ægte medfølelse. Det var det, der hjalp manden at overvinde sin lidelse.

Han havde dybere forståelse for manden, for hans lidelse og hans psykologiske tilstand. Han gik ned på hans niveau, mens de andre forblev på deres eget forståelsesniveau og glemte at tage patientens psyke i betragtning."

Amma gjorde en pause og fortsatte så: "Min søn, det viser hele processen omkring spirituel realisation. Mesteren anser "uvidenhedens flue", disciplens ego, for reelt. Netop ved at tage disciplen og hans uvidenhed alvorligt, får Mesteren disciplen til at arbejde med på hans plan. Uden disciplens samarbejde kan Mesteren intet gøre. Men en virkelig lærevillig discipel har ingen vanskeligheder ved at samarbejde med en ægte Mester, fordi Mesteren fuldt ud tager hensyn til disciplens svagheder, før han hjælper ham eller hende til at vågne op til virkeligheden.

En ægte Mesters virkelige arbejde er at hjælpe disciplen til også at blive en mester over alle situationer."

Kærlighedens skød

Spørgsmål: For nylig læste jeg i en bog, at vi alle sammen har et spirituelt skød. Findes der sådan noget?

Amma: I så fald kun som et billede. Der findes ikke noget fysisk organ, som vi kender som "det spirituelle skød." Måske menes der den modtagelighed, som vi bør udvikle for at føle og opleve kærligheden i os selv. Gud har givet enhver kvinde en livmoder, hvor hun kan bære et barn, nære det, pleje det og til sidst føde det. Ligesådan bør vi skabe plads nok i os til at kærligheden kan opstå og vokse sig stærk. Vores meditationer, bønner, og recitering af mantraer vil styrke denne kærlighed, så at kærlighedsbarnet lidt efter lidt kan vokse ud over alle begrænsninger. Ren kærlighed er *shakti*(energi) i sin reneste form.

Er spirituelle mennesker noget særligt?

Spørgsmål: Amma, mener du, at spiritualitet og spirituelle mennesker er noget særligt?

Amma: Nej.

Spørgsmål: Hvorfor?

Amma: Spiritualitet handler kun om at føre et helt normalt liv i harmoni med vores indre Selv. Det er der ikke noget særligt ved.

Spørgsmål: Mener du i virkeligheden, at kun spirituelle mennesker fører et almindeligt liv?

Amma: Har Amma sagt det?

Spørger: Nej. Ikke direkte. Men det ligger ligesom bagved det du siger, ikke?

Amma: Det er din fortolkning af, hvad Amma siger.

Spørgsmål: Okay, men hvad mener du så om de fleste mennesker, som lever i verden?

Amma: Sig ikke "de fleste", lever vi ikke alle i verden?

Spørger: Amma, hør nu her!

Amma: Så længe vi lever i verden, er vi mennesker i verden. Men det der gør os til spirituelle mennesker, er måden vi ser på livet og på de oplevelser, det giver os, mens vi lever i verden. Forstår du, min søn, alle mennesker synes, at de lever et almindeligt liv. Om de så gør det eller ej er noget, som hver enkelt må finde ud af ved at spørge ind til det i sig selv. Vi skal heller ikke tro, at spiritualitet er noget usædvanligt eller helt særligt. Spiritualitet er ikke at blive noget særligt, men at blive ydmyg. Men selve det at blive født i en menneskekrop er noget helt særligt.

Blot et kort ophold

Spørgsmål: Amma, hvorfor er det så vigtigt at leve uden bindinger i det spirituelle liv?

Amma: Ikke bare spirituelle aspiranter i ashramer, men ethvert almindeligt spirituelt søgende menneske, som ønsker at få større udviklingsmuligheder og mere mental ligevægt, skal praktisere ikke-tilknytning. At være ikke-tilknyttet betyder at forholde sig som et vidne til alle livets oplevelser. Tilknytning lægger beslag på sindets kræfter, men det gør ikke-tilknytning ikke. Jo mere opfyldt sindet er, des mere anspændt er det, og des mere vil det længes efter at blive frit. I verden af i dag bliver menneskers sind mere og mere ladet med negative tanker. Det vil ganske naturligt vække en stærk trang, et ægte behov for ikke-tilknytning.

Spørger: Amma, jeg ønsker virkelig at praktisere ikke-tilknytning. Men min overbevisning er meget svingende.

Amma: Overbevisning kommer kun, hvis man er vågen. Jo mere vågen man er, jo mere overbevist bliver man. Søn, anse verden for et stoppested, hvor du har et ophold. Vi er alle på rejse, og dette er blot endnu et sted, hvor vi er på besøg. Som på en tur med bus eller tog møder vi mange medrejsende, som vi taler med og deler vore tanker om livet og verdens tilskikkelser med. Efter et stykke tid kan det ske, at vi også knytter os til det menneske, vi sidder ved siden af. Men hver eneste passager bliver nødt til at stå af, når han eller hun har nået deres respektive rejsemål. Så hold det for øje, den dag du møder et menneske eller slår dig ned et sted, at du vil blive nødt til at tage afsked igen engang. Hvis denne accepterende indstilling virkeligt er blevet grundfæstet i en, så vil den helt bestemt komme en til hjælp i alle livets forhold.

Spørgsmål: Amma, siger du i virkeligheden, at man bør praktisere ikke-tilknytning mens man lever her i verden?

Amma: (Med et smil) Hvor kan man ellers lære ikke-tilknytning, hvis ikke mens vi er i verden? Efter man er død? Faktisk er det at være ikke-tilknyttet måden at overvinde dødsangst på. Det garanterer en fuldstændig smertefri død, fuld af lyksalighed.

Spørgsmål: Hvordan er det muligt?

Amma: Fordi den der ikke er involveret, forbliver et vidne, selv i dødsøjeblikket. Ikke-tilknytning er den rigtige holdning. Det er den rigtige opfattelse. Når vi ser en film, identificerer os med personerne og senere prøver at imitere dem i vort liv, er det så godt eller dårligt? Se film i den erkendelse, at det kun er en film, så kan man virkeligt nyde den. Den sande vej til fred er en spirituel tankegang og levevis.

Man bader ikke i en flod i al evighed. Man bader i den for at komme op igen, frisk og ren. Og ligesådan, hvis man er interesseret i at føre et spirituelt liv, så kan man anse sit liv som familiefar eller –mor som en måde at udtømme sine *vasanas* (latente tilbøjeligheder) på. Med andre ord skal man huske, at man ikke lever i en familie for at blive mere og mere opslugt af den, men for at leve den og andre lignende *vasanas* ud, og blive fri af handlingernes trældom. Målet bør være at blive sine latente tilbøjeligheder kvit, ikke at samle på dem.

225

Hvad sindet hører

Spørgsmål: Amma, hvordan definerer du "sind"?

Amma: Det er et redskab, som aldrig hører, hvad der bliver sagt, men kun hvad det ønsker at høre. Man siger noget til dig, og sindet hører noget andet. Og så opererer det på det sagte ved at klippe til, indsætte og redigere. I denne proces fjerner sindet det ene og tilføjer det andet til originalen, fortolker, pudser og polerer, indtil det til sidst passer dig. Og så overbeviser du dig selv om, at det var det, der blev sagt.

Der er en dreng, som kommer til ashramen med sine forældre. En dag fortalte hans moder Amma om en interessant hændelse, som skete derhjemme. Moderen sagde til sønnen, at han skulle tage sine lektier mere alvorligt, fordi eksamen stod for døren. Men drengen prioriterede anderledes. Han havde lyst til at dyrke sport og se film. I et efterfølgende skænderi sagde han til sin moder: "Mor, har du ikke hørt Amma sige i sine taler, at det er vigtigt at vi lever i Nuet? For himlens skyld, jeg forstår ikke, hvorfor du er så bange for de eksaminer, som jo først kommer om nogen tid, når jeg har andre ting at gøre her og nu". Det var, hvad han havde hørt.

Kærlighed og mod

A *mma fortalte følgende historie for at skildre, hvorledes kærlighed fjerner al frygt.*

Amma: Der var engang en konge, som herskede over en indisk stat og som levede i et fort på toppen af et bjerg. Hver dag kom der en kvinde op på fortet for at sælge mælk. Hun plejede at komme klokken seks om morgenen og tage af sted igen klokken seks om aftenen. Præcist klokken seks om aftenen blev de kæmpestore porte ved indgangen til fortet lukket, og ingen kunne forlade fortet eller komme ind igen, indtil portene blev åbnet igen næste morgen.

Hver morgen, når vagterne åbnede de enorme jernporte, stod kvinden der med en krukke mælk på hovedet.

En aften da kvinden var nået frem til porten, var klokken et par sekunder over seks og portene var lige blevet lukket. Hun havde en lille søn derhjemme, som ventede på at hans mor skulle komme hjem. Kvinden faldt ned for fødderne af vagterne og tiggede og bad dem om at lade hende komme ud. Med tårer i øjnene sagde hun:

"Forbarm Jer over mig. Min lille dreng hverken sover eller spiser, hvis ikke jeg er hos ham. Det stakkels barn græder hele natten, hvis ikke hans mor er der. Jeg beder Jer, lad mig komme ud!" Men vagterne rørte sig ikke ud af stedet, for de kunne ikke overtræde en ordre.

Kvinden løb rundt på fortet og forsøgte fortvivlet at finde et sted, hvor hun kunne komme ud. Hun kunne ikke udholde

227

tanken om at hendes uskyldige lille dreng ventede forgæves med spænding på, at hun skulle komme hjem.

Fortet var omgivet af bjerge og skove fulde af tornede buske, slyngplanter og giftige urter. Som natten faldt på, blev moderen i malkepigen mere og mere urolig, og hendes beslutning om at komme hjem til sit barn tog til i styrke. Hun gik rundt om fortet for at finde et sted, hvorfra hun kunne klatre ned og nå hjem. Endelig fandt hun et sted, som så mindre stejlt ud. Hun gemte mælkekrukken i en busk og begyndte forsigtigt at klatre ned ad bjerget. Undervejs fik hun adskillige stød og dybe rifter forskellige steder på kroppen. Men hun ænsede ikke disse trængsler, og tanken om hendes søn fik hende til at fortsætte. Endelig lykkedes det malkepigen at nå til foden af bjerget. Hun skyndte sig hjem og tilbragte lykkelig natten sammen med sin søn.

Den næste morgen åbnede vagterne fortets porte og så til deres forbavselse kvinden, som aftenen før ikke kunne komme ud, stå udenfor og vente på at komme ind.

"Hvis en ganske almindelig malkepige kunne klatre ned fra vores uindtagelige fort, så må der være et sted, hvor fjenden kan komme ind og angribe os" tænkte de. Da situationens alvor gik op for sikkerhedsvagterne, arresterede de omgående kvinden og førte hende til kongen.

Kongen var et forstående og modent menneske. Hans visdom, mod og ædle sindelag blev højt berømmet af hans undersåtter. Han modtog malkepigen med stor høflighed. Med hænderne samlet til hilsen sagde han: "Åh moder, hvis mine vagter taler sandhed om, at det lykkedes dig at komme ud af fortet i nat, vil du så være så venlig og vise mig det sted, hvor du kunne klatre ned?"

Malkepigen førte kongen, hans ministre og vagterne hen til et bestemt sted. Der fandt hun sin mælkekrukke, som hun havde skjult i busken aftenen før, og viste den til kongen. Da kongen så ned ad den stejle bjergside, spurgte han hende: "Moder, vil du godt vise os, hvordan du bar dig ad i går aftes?"

Malkepigen så ned ad den stejle, truende bjergside og rystede af angst. "Nej, jeg kan ikke," græd hun.

"Hvordan kunne du så i går aftes?" spurgte kongen.

"Det ved jeg ikke" svarede hun.

"Men det gør jeg" sagde kongen blidt. "Det var din kærlighed til din søn, som gav dig styrke og mod til at gøre det umulige."

I sand kærlighed glemmer man kroppen, sindet og al angst. I ren kærlighed ligger der en uudtømmelig kraft. Sådan en kærlighed er altgennemtrængende, den favner alt. I den kærlighed kan man opleve Selvets enhed. Kærlighed er sjælens åndedræt. Der er ingen, der siger: "Jeg trækker kun vejret, når min kone, mine børn, mine forældre og mine venner er til stede. Jeg kan ikke ånde i nærværelse af mine fjender, af dem, der hader mig og dem, der har skældt mig ud." Så kan man ikke leve, så dør man. På samme måde er kærlighed en væren, hinsides alle forskelligheder; den er overalt, den er vores livskraft.

Ren, uskyldig kærlighed gør alting muligt. Når hjertet er fuldt af ren kærlighedsenergi, bliver selv den mest umulige opgave så let som at plukke en blomst.

Hvorfor findes der krige?

Spørgsmål: Amma, hvorfor er der så megen vold og krig?

Amma: Fordi vi mangler forståelse.

Spørgsmål: Hvad mener du med mangel på forståelse?

Amma: Mangel på medfølelse.

Spørgsmål: Er der en sammenhæng mellem forståelse og medfølelse?

Amma: Ja, når vi udvikler sand forståelse, så lærer vi at se andre mennesker som de faktisk er, og at se bort fra deres svagheder. Derfra udvikler kærligheden sig. Når den rene kærlighed spirer frem, gør medfølelse det også.

Spørger: Amma, jeg har hørt dig sige, at egoet er årsag til krig og konflikt.

Amma: Det er sandt. Et umodent ego og mangel på forståelse er næsten det samme. Vi bruger så mange forskellige ord, men i bund og grund betyder de det samme. Når mennesker mister kontakt med deres indre Selv og bliver mere identificeret med deres ego, så kan der ikke komme andet end vold og krig ud af det. Det er, hvad der sker i verden af i dag.

Spørgsmål: Amma, mener du, at vi mennesker tillægger den ydre verden for stor betydning?

Amma: Oplæring i civilisation (ydre bekvemmeligheder og teknologisk udvikling) og samskara (indøvelse af positive tanker og højere værdier) burde gå hånd i hånd. Men hvad er det vi ser i samfundet? De spirituelle værdier går stærkt tilbage, ikke sandt? Konflikt og krig er tilværelsens lavpunkt, og samskara er dens højdepunkt.

Verden af i dag kan bedst beskrives med følgende eksempel. Forestil dig en meget smal vej. To chauffører i deres biler træder på bremsen, da bilerne er ved at støde sammen. Medmindre en af chaufførerne bakker og gør plads for den anden, kan de ikke komme videre. Men chaufførerne sidder urokkeligt deres sæder og erklærer stædigt, at de ikke vil rokke sig så meget som en tomme. Situationen kan kun løse sig, hvis den ene af dem er villig til at vise noget ydmyghed og vige for den anden. Så kan de begge nemt nå deres bestemmelsessted. Og den der giver efter for den anden har så også fornøjelsen af at vide, at det udelukkende skyldes ham, at den anden kunne komme videre.

Hvordan kan vi gøre Amma lykkelig?

Spørgsmål: Amma, hvordan kan jeg tjene dig?

Amma: Ved at tjene andre uselvisk.

Spørgsmål: Hvad kan jeg gøre for at gøre dig lykkelig?

Amma: Hjælp andre til at føle sig lykkelige. Så gør du virkelig Amma lykkelig.

Spørgsmål: Amma, ønsker du ikke noget af mig?

Amma: Jo, Amma ønsker, at du er lykkelig.

Spørger: Amma, du er så smuk.

Amma: Den skønhed findes i dig også. Du skal bare finde den.

Spørger: Jeg elsker dig, Amma.

Amma: Min datter, i virkeligheden er du og Amma ikke to personer, vi er ét. Så der er kun kærlighed.

Det egentlige problem

Spørgsmål: Amma, du siger at alting er ét. Men jeg ser alting som adskilt fra hinanden. Hvorfor det?

Amma: At se noget som adskilt eller forskelligt er ikke problemet. Det virkelige problem ligger i ikke at kunne fastholde Enheden bag forskelligheden. Det er en fejlopfattelse, som virkelig er en begrænsning. Vores måde at se på verden på og hvad der sker omkring os skal ændres, så vil alting af sig selv forandre sig.

Lige som vores fysiske syn skal korrigeres, når vores fysiske øjne bliver svagere – det vil sige når vi begynder at se dobbelt – så har det indre øje også brug for at blive korrigeret af én, som er fast etableret i oplevelsen af den spirituelle Enhed, en *Satguru* (sand Mester).

Der er intet i vejen med verden

Spørgsmål: Hvad er der i vejen med verden? Det ser ikke for godt ud. Kan vi gøre noget ved det?

Amma: Der er ikke noget i vejen med verden, problemet er det menneskelige sind – egoet. Det er det hæmningsløse ego, som gør verden problematisk. Lidt mere forståelse og lidt mere medfølelse kan skabe masser af forandring.

Egoet hersker i verden. Mennesker er hjælpeløse ofre for deres ego. Følsomme mennesker med følsomme hjerter er svære at finde. Find den rette samklang i dit eget sind, kærlighedens og livets smukke indre sang. Gå ud og tjen lidende mennesker. Lær at sætte andre før dig selv. Men mens du elsker og tjener andre, så forelsk dig ikke i dit eget ego. Behold dit ego, men vær herre over dit sind og dit ego. Betragt alle mennesker som medmennesker, for det er porten til Gud og til dit eget Selv.

Hvorfor skal man følge den spirituelle vej?

Spørgsmål: Hvorfor skal man egentlig følge den spirituelle vej?

Amma: Det er ligesom frøet, der spørger: "Hvorfor skal jeg egentlig ned i jorden, spire og vokse opad?"

At omgås spirituel energi

Spørgsmål: Det sker i hvert fald for nogle mennesker, at de mister forstanden efter at de er begyndt på spirituelle teknikker. Hvorfor kan det ske?

Amma: Spirituel praksis forbereder ens begrænsede krop og sind på at rumme den universelle shakti (energi). Den åbner for den højere bevidsthed i dig. Med andre ord, så arbejder den direkte med ren *shakti*. Hvis man ikke passer på, kan det give psykiske og fysiske problemer. Et eksempel: lys hjælper os med at se, men for meget lys skader vore øjne. Ligesådan er *shakti* eller bliss til stor gavn for én. Men hvis man ikke ved, hvordan man omgås disse ting på den rigtige måde, kan de blive farlige.

Kun en *Satguru* (sand Mester) kan vejlede én på det felt.

Et uskyldigt hjertes
kvaler og medfølelse

n lille dreng kom løbende op til Amma og viste hende sin højre håndflade. Amma tog kærligt hans finger og spurgte på engelsk: "Hvad, skat?" Han vendte sig om og sagde: "Der!"

Amma: (på engelsk) Der, hvor?

Den lille dreng: Far...

Amma: (på engelsk) Hvad er der med far?

Den lille dreng: (peger på sin håndflade) Far sidder her.

Amma: (holder tæt om barnet og siger på engelsk) Amma kalder på far.

I det øjeblik kom faderen op til Amma. Han sagde, at han faktisk ved et uheld havde sat sig på drengens hånd om morgenen. Det skete hjemme, og det var det, drengen forsøgte at forklare Amma.

Amma, som stadig holdt om drengen, sagde: "Se, min skat, nu giver Amma din far en ordentlig gang bank, okay?"

Drengen nikkede. Amma lod som om hun bankede faderen, og drengens far lod som om han græd. Pludselig tog drengen om Ammas hånd og sagde: "Nok!"

Amma gav barnet et ordentligt knus og lo. De omkringsiddende hengivne lo med.

Amma: Se, han elsker sin far. Han vil ikke have, at nogen gør hans far fortræd.

Som denne lille dreng, som kommer til Amma og uforbeholdent åbner sit hjerte for hende, så skulle I også lære at åbne Jeres hjerte for Gud. Skønt Amma kun lod som om hun slog faderen, så var det virkelighed for drengen. Han ville ikke have, at hans far blev ked af det. I skal også, børn, forstå andres smerte og vise medfølelse.

Om at vække den
drømmende discipel

Spørgsmål: Hvordan hjælper guruen disciplen med at transcendere egoet?

Amma: Ved at skabe de nødvendige situationer. Det er faktisk Satguruens (sand Mester) medfølelse, der hjælper disciplen.

Spørgsmål: Hvad er det helt præcist, der hjælper disciplen? Situationerne eller guruens medfølelse?

Amma: Situationerne opstår på grund af Satguruens uendelige medfølelse.

Spørgsmål: Er disse situationer helt almindelige situationer eller er de usædvanlige?

Amma: Det vil være helt almindelige situationer. Men de er også usædvanlige, fordi de er endnu en form for satguruens velsignelse til disciplens spirituelle vækst.

Spørgsmål: Er der en konflikt mellem guru og discipel under processen med at fjerne egoet?

Amma: Sindet kæmper og gør modstand, fordi det vil blive ved med at sove og fortsætte med at drømme. Det ønsker ikke at blive forstyrret. Men en sand Mesters opgave er at forstyrre disciplens søvn. Satguruens eneste mål er at vække disciplen. Så der er en tilsyneladende modsætning. Men en sand discipel med *shraddha* (kærlighed, tro og tillid) vil forstå at overvinde sådanne indre konflikter.

Om at adlyde mesteren

Spørgsmål: Hvis man betingelsesløst adlyder Mesteren, vil det så føre til egoets død?

Amma: Ja, det vil. I *Kathopanishad* er *Satguruen* (sand Mester) repræsenteret af Yama, dødens Herre. Det er fordi Mesteren symboliserer disciplens ego-død, som kun kan finde sted ved hjælp af en Satguru.

Det er kærligheden til guruen, der fører til, at disciplen adlyder ham. Guruens selvopofrelse og medfølelse vil inspirere disciplen vældigt og vil bevæge ham til spontant at åbne op og forholde sig lydigt overfor Mesteren.

Spørgsmål: Der skal et usædvanligt mod til for at se egoets død i øjnene, ikke?

Amma: Absolut, det er derfor, der er så få, der kan gøre det. At acceptere sit egos død er som at banke på dødens dør. Det er hvad Nachiketas, det unge søgende menneske i *Kathopanishad*, gør. Men hvis du har mod og viljestyrke nok til at banke på dødens dør, så ser du at døden ikke findes. For også døden, eller egoets død, er en illusion.

Horisonten er lige her

Spørgsmål: Hvor gemmer Selvet sig?

Amma: Spørgsmålet er det samme som at spørge, "Hvor gemmer jeg mig?"

Du gemmer dig ikke nogen steder, du er inden i dig. Selvet er også inden i dig og uden for dig.

Når man står inde på stranden, ser det ud som om havet og horisonten møder hinanden i et bestemt punkt. Hvis der nu er en ø der, så ser det ud som om træerne rører ved himlen. Men når vi går derhen, ser vi så stedet, hvor de mødes? Nej, tværtimod, så flytter punktet sig også. Nu er det et andet sted. Hvor er horisonten i virkeligheden henne? Horisonten er lige her, hvor vi står, ikke sandt? Og lige sådan med det du leder efter. Det er lige her. Men så længe vi er hypnotiseret af krop og sind, så bliver den hvor den er - langt væk.

Hvad den Højeste Viden angår, så er et menneske som en tigger. Den sande Mester kommer og siger: "Hør her. Du ejer hele universet. Kast din tiggerskål bort og led efter den skjulte skat i dig selv."

Uvidenhed om virkeligheden får mennesker til hårdnakket at påstå: "Det er noget sludder, hvad du siger. Jeg er en tigger, og jeg vil fortsætte med at være en tigger resten af mit liv. Lad mig være i fred." *Satguruen* (sand Mester) giver dog ikke op, men bliver ved med at minde om det samme igen og igen, indtil mennesket bliver overbevist og begynder sin søgen.

Kort sagt: *Satguruen* hjælper os til at se det menneskelige sinds tiggernatur, tilskynder os til at kaste tiggerskålen bort og hjælper os til at blive ejere af universet.

Tro og rosenkrans

Engang under *Devi Bhava* i San Ramon, Californien, skulle jeg lige til at synge *bhajans* (lovsange), da en dame kom hen til mig med tårer i øjnene. Hun sagde: "Jeg har mistet noget, som betyder meget for mig."

Damen lød virkelig fortvivlet. Hun sagde: "Jeg sov ovenpå på balkonen med den rosenkrans, som min bedstemor har givet mig. Da jeg vågnede, var den væk. En eller anden har stjålet den. Den var uvurderlig for mig. Åh, min Gud, hvad skal jeg dog gøre nu?" Hun begyndte at græde.

"Har du set efter i Glemte Sager?" spurgte jeg.

"Ja" sagde hun," men den var der ikke."

Jeg sagde: "Græd ikke. Lad os sende en efterlysning. Hvis nogen har fundet den eller taget den ved en fejltagelse, så bringer de den måske tilbage, hvis du fortæller, hvor meget den betyder for dig."

Jeg skulle lige til at tage hende med hen til en mikrofon, da hun sagde: "Hvordan kunne det ske på en *Devi Bhava* aften, hvor jeg kom for at få Ammas *darshan*?"

Da jeg hørte det, sagde jeg spontant til hende: "Hør her, du har ikke passet godt nok på. Derfor har du mistet din rosenkrans. Hvorfor sov du med rosenkransen i hånden, når den var så kostbar for dig? Der kommer alle slags mennesker her i aften. Amma forkaster ikke nogen. Hun giver alle lov til at deltage og være glade. Med det in mente skulle du have passet bedre på din rosenkrans. Men du skyder skylden på Amma, i stedet for selv at tage ansvaret for din uagtsomhed."

Damen var ikke overbevist. Hun sagde: "Min tro på Amma er rokket."

Jeg spurgte hende: "Havde du nogen tro at miste? Hvis din tro var ægte, hvordan kunne du så miste den?"

Hun sagde ikke noget. Men jeg førte hende hen til lydsystemet og hun efterlyste sin rosenkrans.

Et par timer senere, da jeg var færdig med at synge, mødte jeg damen ved hovedindgangen til salen. Damen ventede på mig. Hun sagde, at hun havde fundet rosenkransen. Der var faktisk en eller anden, som havde set den ligge på balkonen og samlet den op, han tænkte, at det var en gave til ham fra Amma. Men da han hørte efterlysningen, bragte han den tilbage.

Damen sagde: "Tak for dit forslag."

"Tak hellere Amma, fordi hun har så meget medfølelse, at hun ikke ville have, at du mistede din tro" svarede jeg. Før jeg sagde farvel til hende, sagde jeg til hende: "Skønt der er mange forskellige slags mennesker her, elsker de alle Amma. Ellers ville du aldrig have set din rosenkrans igen."

Kærlighed og overgivelse

Spørgsmål: Amma, hvad er forskellen på kærlighed og overgivelse?

Amma: Kærlighed er betinget, overgivelse er betingelsesløs.

Spørgsmål: Hvad betyder det?

Amma: I kærlighed er der den elskende og den elskede, discipel og Mester, den hengivne og Gud. Men i overgivelsen forsvinder de begge. Kun Mesteren ER, kun Gud ER.

Årvågenhed og opmærksomhed

S pørgsmål: Er årvågenhed det samme som *shraddha* (kærlighed og tro)?

Amma: Ja, jo mere *shraddha* man har, jo mere årvågen vil man være. Mangel på årvågenhed skaber forhindringer på vejen til den evige befrielse. Det er som at køre igennem tåge. Man kan ikke se noget klart, og det er også farligt, fordi der kan ske en ulykke når som helst. Mens derimod handlinger, som er udført med årvågenhed, hjælper dig til at udvikle din indre guddommelighed. Med tiden vil de få dig til at se mere og mere klart.

Tro gør alting enkelt

Spørgsmål: Hvorfor er det så vanskeligt at erkende Selvet?

Amma: At realisere Selvet er faktisk nemt, fordi *Atman* (Selvet) er det, der er tættest på os. Det er vores sind, som gør det vanskeligt.

Spørgsmål: Men sådan beskrives det ikke i skrifterne og af de store Mestre. Metoderne og teknikkerne er så barske.

Amma: Skrifterne og de store Mestre prøver altid at gøre det enkelt. De bliver ved med at minde os om at Selvet, eller Gud, er vores sande natur, hvilket betyder, at det ikke er langt væk. Det er det virkelige dig, dit sande ansigt. Men man skal have sand tro for at kunne integrere den sandhed i sig. Mangel på tro gør vejen barsk, og tro gør den enkel. Sig til et barn: "Du er en konge," så vil barnet i løbet af et sekund begynde at opføre sig som en konge. Har voksne sådan en tro? Nej, de har ikke. Derfor er det vanskeligt for dem.

At holde målet for øje

Spørgsmål: Amma, hvordan kan man komme hurtigere frem ad den spirituelle vej?

Amma: Ved oprigtigt at passe sin *sadhana* (spirituelle discipliner) og ved at have målet for øje. Man skal altid huske på, at målet med vores fysiske tilstedeværelse i denne verden er at opfylde vores spirituelle bestemmelse. Vores tanker og vores måde at leve på bør være af en sådan art, at det hjælper os med at gøre fremskridt på vejen.

Spørgsmål: Er det at have sit spirituelle mål for øje det samme som at være uden tilknytning?

Amma: For en, som er fokuseret på målet, opstår ikke-tilknytning af sig selv. For eksempel: Hvis man rejser til en anden by i et presserende forretningsøjemed, så vil ens sind uafbrudt være rettet mod bestemmelsesstedet, ikke? Måske ser man en smuk park og en sø, en pæn restaurant, en tryllekunstner, som tryller med 15 bolde osv. Men bliver man tiltrukket af disse ting? Nej, sindet bliver ikke fanget ind, det er jo fast rettet mod bestemmelsesstedet. Og tilsvarende: Den som på ægte vis fokuserer på målet, for ham vil ikke-tilknytning komme af sig selv.

Handling og trældom

Spørgsmål: Der er nogle mennesker, der mener, at det at handle skaber forhindringer på den spirituelle vej, og at det derfor er klogt at afstå fra at handle. Er det rigtigt?

Amma: Det er højst sandsynligt et dovent menneskes definition. Karma (handling) er i sig selv ikke farlig. Men hvis handlingen ikke er forbundet med medfølelse, men derimod er for egen vindings skyld og med bagtanker, så bliver den farlig. For eksempel: En kirurg skal under operationen være helt vågen og tilstede og også have medfølelse. Hvis kirurgen i stedet har hovedet fuldt af problemer derhjemme, så daler hans opmærksomhedsniveau. Det kan blive en trussel for patientens liv. Det er adharma (urigtig handlen). På den anden side kan den tilfredsstillelse, som lægen opnår ved at udføre en rigtig vellykket operation, hjælpe ham med at gøre fremgang spirituelt, hvis energien fra hans tilfredsstillelse bliver styret det rigtige sted hen. Med andre ord kan karma, udført med vågenhed og medfølelse som drivkraft, sætte farten op på ens spirituelle rejse. Men hvis vi derimod handler med ringe eller ingen årvågenhed eller mangel på medfølelse, så kan det blive farligt.

Hvordan lærer vi at øge vor skelneevne

Spørgsmål: Amma, hvordan lærer vi at blive bedre til at skelne?

Amma: Ved at handle med betænksomhed.

Spørgsmål: Skal et sind være modent for at kunne skelne?

Amma: Ja, det skal være spirituelt modent.

Spørgsmål: Vil sådan et sind have bedre spirituelle kvalifikationer?

Amma: Ja, kunne mere og forstå mere.

Spørgsmål: Forstå hvad?

Amma: Forstå alt muligt, alle situationer og erfaringer.

Spørgsmål: Mener du selv de negative og smertefulde situationer?

Amma: Ja, alle. Selv smertefulde oplevelser har, hvis vi forstår dem dybt nok, en positiv virkning på vores liv. Lige under overfladen af alle oplevelser, hvad enten de er gode eller dårlige, er der et spirituelt budskab. Så at anskue alt udefra er materialisme, og at anskue alt indefra er spiritualitet.

Det endelige spring

Spørgsmål: Amma, er der et tidspunkt i et spirituelt søgende menneskes liv, hvor det simpelthen er nødt til at vente?

Amma: Ja, når en *sadhak* (spirituel aspirant) i lang tid og med stor umage har udført spirituel praksis, vil der komme et punkt, hvor han må ophøre med al *sadhana* (spirituel praksis) og vente tålmodigt på, at oplysningen sker.

Spørgsmål: Kan den søgende tage springet på egen hånd i den fase?

Amma: Nej, det er faktisk et helt afgørende punkt, hvor *sadhaken* har umådelig megen brug for hjælp.

Spørgsmål: Vil guruen yde den hjælp?

Amma: Ja, kun *Satguruens* (den sande Mesters) nåde kan hjælpe *sadhaken* i den fase. Det er her *sadhakens* tålmodighed skal stå sin prøve, fordi han eller hun har gjort alt, hvad der var muligt, har gjort sig al den umage han kunne. Nu er aspiranten hjælpeløs. Han ved ikke, hvordan man tager det sidste skridt. I den fase bliver den søgende måske oven i købet forvirret og vender tilbage til verden, fordi han tror, at sådan noget som erkendelse af Selvet simpelthen ikke findes. Kun *Satguruens* tilstedeværelse og hans nåde kan inspirere den søgende og hjælpe ham eller hende med at transcendere den tilstand.

Det lykkeligste øjeblik
i Ammas liv

Spørgsmål: Amma, hvad er det lykkeligste øjeblik i dit liv?

Amma: Hvert øjeblik.

Spørgsmål: Hvad mener du?

Amma: Amma mener, at Amma er lykkelig uafbrudt. Alting er ren kærlighed for Amma.

Amma var tavs i nogen tid. Darshan fortsatte. Så kom en hengiven med et billede af Gudinden Kali dansende på Shivas bryst for at Amma skulle velsigne det. Amma viste billedet til den hengivne, der stod i spørgsmål-køen.

Amma: Se på dette billede. Skønt Kali ser frygtindgydende ud, er hun lyksalig til mode. Ved du hvorfor? Fordi hun har lige hugget hovedet – egoet – af sin elskede discipel. Hovedet anses jo for at være egoets hovedsæde. Kali fejrer det kostelige øjeblik, hvor hendes discipel fuldstændig har transcenderet sit ego. Endnu en sjæl, som længe har vandret i mørket, er blevet befriet fra *mayas* (illusionens) klør.

Når en person opnår frelsen, rejser hele skabelsens *kundalini shakti* (spirituel energi) sig og vågner. Fra det øjeblik ser han eller hun alting som guddommeligt. Sådan udløses begyndelsen til uendelig jubel. Så det er derfor Kali danser ekstatisk.

Spørgsmål: Mener du, at også dit lykkeligste øjeblik er, når dine børn er i stand til at gå ud over deres ego?

Ammas ansigt lyste op i et strålende smil.

Ammas største gave

En ældre hengiven med fremskreden kræft kom for at få Ammas *darshan*. Da manden vidste, at han snart skulle dø, sagde han: "Farvel Amma. Jeg takker dig for alt, hvad du har givet mig. Du har overøst dit barn med ren kærlighed og vist mig vej i denne svære tid. Uden dig var jeg brudt sammen for længst. Hold altid denne sjæl tæt ind til dig." Idet den hengivne sagde det, tog han Ammas hånd og lagde den på sit bryst.

Så hulkede manden og dækkede sit ansigt med sine hænder. Amma lagde ham kærligt ned til sin skulder, mens hun tørrede de tårer bort, der løb ned ad hendes egne kinder.

Amma løftede nu hans hoved og så ham dybt ind i øjnene. Han holdt op med at græde, så oven i købet glad og stærk ud. Han sagde: "Med al den kærlighed du har givet mig, Amma, er dit barn ikke ked af det. Min eneste bekymring overhovedet er, om jeg kan blive i dit skød, selv efter jeg er død. Derfor græd jeg. Bortset fra det er jeg okay."

Amma så ham dybt i øjnene med uendelig kærlighed og omsorg og sagde blidt: "Vær ikke urolig, mit barn. Amma forsikrer dig om, at du bliver i hendes skød i al evighed."

Mandens ansigt lyste pludselig op i en umådelig glæde. Han så uendeligt fredfyldt ud. Med tårer i øjnene så Amma tavst efter ham, mens han gik ud af salen.

Kærligheden gør alting levende

Spørgsmål: Amma, hvis alt er gennemtrængt af bevidsthed, har "døde ting" så også bevidsthed?

Amma: De har en bevidsthed, som man ikke kan føle eller forstå.

Spørgsmål: Hvordan kan vi forstå det?

Amma: Gennem ren kærlighed. Kærlighed gør alt levende og bevidst.

Spørger: Jeg har kærlighed, men jeg ser ikke alt som levende og bevidst.

Amma: Det betyder, at der er noget i vejen med din kærlighed.

Spørgsmål: Kærlighed er kærlighed. Hvordan kan der være noget i vejen med kærlighed?

Amma: Det, der får os til at opleve livet og livskraften overalt, er sand kærlighed. Hvis din kærlighed ikke kan få dig til at se det, er det ikke sand kærlighed. Så er det en illusorisk kærlighed.

Spørgsmål: Men sådan noget er så svært at forstå og praktisere, ikke sandt?

Amma: Nej, det er det ikke.

Den hengivne stod tavst med et forvirret udtryk.

Amma: Det er ikke så vanskeligt, som man tror. I virkeligheden gør alle det, de er bare ikke klar over det.

Lige i det øjeblik kom en af de hengivne med sin kat for at få Amma til at velsigne den. Amma holdt op med at tale. Hun holdt kærligt katten et øjeblik og kærtegnede den. Så lagde hun forsigtigt noget sandeltræspasta på dens pande og gav den en chokolade-top at spise.

Amma: Dreng eller pige?

Spørger: Pige.

Amma: Hvad hedder hun?

Spørger: Rose.....(bekymret) Hun har ikke haft det så godt de sidste to dage. Vil du ikke godt velsigne hende, så hun kan blive hurtigt rask igen. Hun er min trofaste ven og kammerat.

Da damen sagde dette, blev hendes øjne fulde af tårer. Amma gned kærligt noget hellig aske på katten og rakte den tilbage til den hengivne, som lykkeligt forlod salen.

Amma: For denne datter er hendes kat ikke en eller anden kat blandt millioner af katte. Hendes kat er unik. Den er næsten som et menneske for hende. For hende har hendes "Rose" helt sit eget særpræg. Hvorfor? Fordi hun elsker den kat så højt. Hun er enormt knyttet til den.

Sådan gør folk over hele verden, ikke? De kalder deres kat, deres hund, deres papegøje, ja somme tider også træer ved navn. Og når de først har givet den hund, det dyr, den fugl eller plante et navn og gjort den til deres ejendom, så er den for det menneske noget helt særligt blandt sine artsfæller. Den får pludselig status af mere end blot og bart et væsen. Dette menneskes kærlighedsbinding til sit dyr giver det et nyt liv.

Se på små børn. En dukke bliver noget levende og bevidst for dem. De snakker med dukken, mader den og sover med den. Hvad er det, der giver dukken liv? Det er barnets kærlighed til den, ikke sandt?

Kærlighed kan forvandle en livløs ting, så den bliver levende og har bevidsthed.

Fortæl så Amma, er sådan en kærlighed vanskelig?

En fin lektie i tilgivelse

Spørgsmål: Amma, er der noget, du vil sige til mig nu? Har du nogle særlige råd at give mig i dette stadium af mit liv?

Amma: (smiler) Vær tålmodig.

Spørgsmål: Er det det hele?

Amma: Det er meget.

Den hengivne havde vendt sig og havde taget et par skridt væk, da Amma råbte til ham: "… lær også at tilgive."

Da han hørte Ammas ord, vendte han sig mod hende og spurgte: "Er det mig du taler til?"

Amma: Ja, til dig.

Manden kom tilbage til Ammas stol.

Spørger: Jeg er sikker på, at du hentyder til noget hos mig, det har altid været min erfaring. Amma, vil du ikke nok sige tydeligt, hvad det er du vil?

Amma fortsatte med at give darshan, mens manden ventede for at høre mere. I nogen tid sagde hun ikke noget.

Amma: Der må være noget, en hændelse eller situation, som pludselig er dukket op i dit sind. Hvorfor skulle du ellers reagere så hurtigt, da du hørte Amma sige "Tilgivelse"? Min søn, du reagerede ikke på samme måde, da Amma sagde: "Vær tålmodig." Du accepterede det og var begyndt at gå, ikke? Så der må være noget bestemt, der piner dig.

Da manden hørte Ammas ord, sad han stille i nogen tid med bøjet hoved. Pludselig begyndte han at græde og holdt hænderne for ansigtet. Amma kunne ikke holde ud at se sit barn græde, så hun tørrede kærligt tårerne bort og strøg ham på brystet.

Amma: Vær rolig, søn. Amma er hos dig.

Spørger: (hulkende) Du har ret. Jeg kan ikke tilgive min søn. Jeg har ikke talt med ham i et helt år. Han har såret mig dybt, og jeg er meget vred på ham. Amma, hjælp mig.

Amma: (med et medfølende blik på den hengivne) Amma forstår dig.

Spørgsmål: For et år siden kom han hjem en dag, skæv af stoffer. Da jeg kritiserede hans opførsel, blev han voldelig og råbte ad mig, og så begyndte han at smadre tallerkner og smide rundt med ting. Jeg mistede tålmodigheden totalt og smed ham ud af huset. Siden da har jeg hverken set ham eller talt med ham.

Manden så ud til at have det elendigt.

Amma: Amma kan se dit hjerte. Enhver ville have mistet besindelsen i den situation. Lad være med at gemme på følelser af vrede over den hændelse. Men det er vigtigt for dig, at du tilgiver ham.

Spørgsmål: Det vil jeg også gerne, men jeg kan ikke glemme og gå videre. Hvergang mit hjerte siger til mig, at jeg skal tilgive ham, så får mit sind mig til at tvivle. Mit sind siger: "Hvorfor skulle du tilgive ham? Det er ham, der har gjort noget forkert, så lad ham komme og fortryde og bede dig om forladelse."

Amma: Søn, har du et oprigtigt ønske om at løse problemet?

Spørgsmål: Ja, Amma, det har jeg virkelig, og jeg ønsker at hjælpe min søn og mig selv til at forenes.

Amma: Hvis det forholder sig sådan, så skal du aldrig lytte til dit sind. Sindet kan ikke hele noget forhold eller løse nogen som helst problematisk situation. Tværtimod, gør sindet det værre og forvirringen større.

Spørgsmål: Amma, hvad er så dit råd?

Amma: Det kan være, at Amma ikke kan sige, hvad du gerne vil høre. Men Amma kan fortælle dig, hvad der virkelig vil hjælpe dig med at hele den situation og bringe fred mellem dig og din søn. Hav tillid, så vil det hele rette sig efterhånden.

Spørger: Vil du ikke godt belære mig? Jeg vil gøre mit bedste for at gøre det, lige meget hvad du siger.

Amma: Hvad der er sket, er sket. Giv dig selv lov til at tro og acceptere det først. Og så skal du tro på, at der bag ved den kendte årsag også var en ukendt årsag til den række af begivenheder, der fandt sted den dag. Du har et kompromisløst sind, og du vil gerne give din søn skylden for det hele. Godt. Hvad den hændelse angår, var det måske hans skyld, men alligevel.

Spørger: (ængsteligt) Amma, du blev ikke færdig med at sige, hvad du var i færd med.

Amma: Lad Amma spørge dig. Har du været meget respektfuld og kærlig mod dine forældre, din far i særdeleshed?

Spørger: (med et forvirret udtryk) Mod min mor, ja. Vi havde et fint forhold. Men mod min far? Vores forhold var forfærdeligt.

Amma: Hvorfor?

Spørger: Fordi han var meget streng, og jeg havde svært ved at acceptere hans måde.

Amma: Og selvfølgelig har der været øjeblikke, hvor du var grov mod ham og sårede hans følelser, ikke sandt?

Spørger: Ja.

Amma: Det betyder, at det, du har gjort mod din far, nu vender tilbage til dig i form af din søn, hans ord og gerninger.

Spørger: Amma, jeg tror du har ret.

Amma: Søn, har du ikke lidt under dit anspændte forhold til din far?

Spørger: Jo, jeg har.

Amma: Har du nogensinde tilgivet ham og helet forholdet?

Spørger: Jo, men kun nogle få dage før han døde.

Amma: Søn, ønsker du, at din søn skal gennemgå de samme lidelser, som vil gøre dig ulykkelig også?

Manden brast i tårer, mens han rystede på hovedet og sagde: "Nej, Amma, nej.. ...aldrig."

Amma: (Holder ham tæt ind til sig) Så tilgiv din søn, det er vejen til fred og kærlighed.

Manden sad ved siden af Amma og mediterede i lang tid. Da han gik, sagde han: "Jeg føler mig så let og afslappet. Jeg vil møde min søn så hurtigt som muligt. Tak, Amma, så tusind mange tak."

Darshan

S pørgsmål: Hvordan skal man være, når man kommer til *darshan* hos dig, hvis man gerne vil have en stærk oplevelse?

Amma: Hvordan får vi en stærk oplevelse af en blomsts duft og skønhed? Ved at være totalt åben over for blomsten. Forestil dig at din næse er stoppet, så går du glip af duften. Det er ligeså med Ammas darshan, hvis dit sind er fuld af fordømmende tanker og forudfattede meninger, går du glip af den.

En videnskabsmand opfatter en blomst som genstand for et eksperiment. For en digter er blomsten inspiration til et digt. Og en musiker? Han synger om blomsten. En naturlæge ser den som kilden til en effektiv medicin, ikke sandt? For et dyr eller et insekt er den ikke andet end mad. Ingen af dem ser blomsten som blomst, som et hele. Og mennesker er også forskellige. Amma modtager alle ens – giver alle den samme mulighed, den samme kærlighed, den samme darshan. Hun forkaster ikke nogen, for alle er hendes børn. Og dog vil darshan blive forskellig fra menneske til menneske, afhængigt af modtagerens modtagelighed.

Darshan er der altid. Det er en uafbrudt strømmen, men man skal tage imod den. Hvis man kan give slip på sit sind i bare ét sekund, så vil man opleve darshan i al sin fylde.

Spørgsmål: Modtager alle din darshan på den måde?

Amma: Det afhænger af, hvor åbent det menneske er. Jo mere åbne de er, jo mere darshan får de. Om de end ikke får den fulde oplevelse, så får de dog et glimt.

Spørgsmål: Et glimt af hvad?

Amma: Et glimt af, hvad de i virkeligheden er.

Spørger: Betyder det, at de også vil få et glimt af, hvad du i virkeligheden er?

Amma: Virkeligheden er den samme både i Amma og i dig.

Spørgsmål: Hvad for en virkelighed?

Amma: Kærlighedens lyksalige stilhed.

Ikke tænke, men have tillid

Journalist: Amma, hvad er dit formål med at være her på jorden?

Amma: Hvad er *dit* formål med at være her på jorden?

Journalist: Jeg har sat mig nogle mål i livet. Jeg tror jeg er her for at opfylde dem.

Amma: Amma er her også for at fuldføre visse mål, som er gavnlige for samfundet. Men Amma *tror* ikke bare, at disse mål bliver fuldført, Amma stoler fuldt og fast på, at hun vil nå disse mål.

OM TAT SAT

Ordliste

Atman: Selvet, den store fælles sjæl. "Gud i os."

Attachment: Tilknytning, "binding til". I liv efter liv er vi "bundet" til kvaliteten af visse oplevelser, som vi gentager på grund af bindingen. Modsat *detachment,* "frihed for," uinvolveret-hed.

Avatar: Ifølge indisk filosofi en inkarnation: Gud lader sig føde i form af et menneske for at hjælpe menneskeheden.

Bhava: Bevidsthedstilstand. Heraf "Krishna Bhava" og " Devi Bhava."

Bliss: Lyksaligheds-tilstand

Chakra: Egtl. "hjul". Kroppens energicentre. 7 i alt.

Darshan: "Synet af den hellige". At blive modtaget hos en hellig mand eller kvinde.

Devi: Guds kvindelige aspekt. Gud som Moder. *Devi Bhava:* ceremoni til hyldest af Devi.

Dharma: Vores guddommelige bestemmelse, den moral og de rette handlinger på rette tid og sted, der udtrykker denne.

Gopi: De malkepiger der tilbad Krishna, da han var ko-hyrde i Vrindavan. Symbolet på ubetinget hengivelse.

Guru: Egentl. "Den der får mørket til at forxsvinde." Spirituel lærer.

Handlingens trældom: På grund af vores tilknytning, *attachment,* til visse ting og oplevelser, begår vi de samme handlinger igen og igen, indtil vi bliver bevidste om den trældom der ligger heri.

Kali: Den sorte gudinde, der bærer en halskæde af afhuggede hoveder, "Vores halshuggede egoer," (egoet sidder i hovedet.) Har kærlige, medfølende øjne, medfølelse med vore lidelser og vor dumhed, og det mørke vi lever i. (Se Shiva.)

Karma: Egentl. "handling." Læren om hvorledes følgerne af vores handlinger influerer på vores forskellige reinkarnationer. Fører til genfødsel.

Krishna: Indisk avatar og frelserskikkelse. Epos'et "Bhagavad Gita" er Krisnas belæring, se også Rama.

Kundalini: Den spirituelle evolutionsenergi, der ligger sammenrullet som en slange ved halebenet. Kan med visse teknikker aktiveres til at rejse sig.

Lila: Den guddommelige leg. "Guds leg med sit skaberværk."

Mahatma: "Stor sjæl". Et menneske der er født oplyst.

Mantra: Hellige stavelser eller ord, som hjælper en til at komme ind i den meditative tilstand. Amma giver et personligt mantra på anmodning.

Maya: Det mysterium gennem hvilket den højeste enhedsvirkelighed kommer til udtryk i subjekt-objekt spaltningen indenfor relativitetens tid-rum. "Illusionernes slør."

Mrityunjaya mantra: mantra på udødelighed.

Moksha: Befrielsen, oplysning.

Overgivelsens vej: eller Bhakti-vejen. De tre mest kendte veje er *Bhakti:* Overgivelsens Vej, *Jnana*-Vejen: Selv-erkendelsens Vej, og *Karma Yoga:* Det selvopofrende arbejdes vej.

Pandavaer og Kauravaer: Egentlig fætre, men i Mahabharatakrigen to fjendtlige lejre. Denne situation skildres i det berømte, indiske episke værk "Bhagavadgita" med Krishnas belæring til Arjun.

Prarabdha karma: Følgerne af vores handlinger – gode som dårlige – akkumuleres fra liv til liv og udløses, når de er "modne," ofte i form af sygdom og modgang. "Akkumuleret karma."

Prasad: En "gave", betegnelse for et spiseligt objekt, ofte sødt, der afslutter et religiøst ritual. Symbol på det Guddommeliges "sødme".

Rama: og Krishna ifølge den indiske historie de to første Mahatmas "store sjæle" eller Gud i menneskeskikkelse. Rama og hans hustru Sita er symbolet på forpligtelser overfor éns dharma, éns land, og på kærlighedens trofasthed.

Reaktion/Respons: En reaktion er instinktiv og uden bevidsthed, og forårsager nye bevidstløse reaktioner. En respons sker med bevidsthed.

Rishi: Vismand. Rishierne er de vismænd eller "seere" der iflg. Indisk tro har modtaget Vedaerne som et budskab til menneskeheden fra Gud.

Samadhi: Den højeste bevidsthedstilstand af ren Væren.

Samskara: Historisk, kulturel, religiøs påvirkning. Bestemmende for vores spirituelle vej.

Sadhana: Spirituel disciplin, alt efter ens spirituelle vej.

Sadhak: Spirituel aspirant, munk.

Sannyassin: En munk, der har taget *sannyas:* givet afkald på verden.

Satguru: En lærer på det højeste oplysningstrin.

Selverkendelse: En af de store hovedveje i indisk spirituel tradition: Jnana.Ramana Maharshi anses for den vigtigste repræsentant for denne retning i nyere tid. Meditationsteknik: "Hvem er jeg?" eller *atma vichara.*

Shakti: Den feminine kraft i universet. *Shiva og Shakti:* den allerførste spaltning, (dualitet), i bevidsthed og kraft

Shraddha: Den fintmærkende skelneevne der kommer af at ens tro er stærk nok. Alt hvad der gavner ens spirituelle vækst fremstår klart. At skelne mellem evigt og timeligt, forgængeligt og uforgængeligt.

Shiva: En af den hinduistiske treenigheds 3 guder: *Brahma:* det skabende, *Vishnu,* det opretholdende, og Shiva: det nedbrydende princip, forudsætningen for nyskabelse. Symbol på ren bevidsthed. "Gift" med *Kali:* som afbildes dansende på hans bryst.

Siddhis: Overnaturlige kræfter.

Sri Rama og Sri Krishna: De første indiske avatarer i menneskeskikkelse.

Tapas: Streng asketisk praksis.

Vayragya: Egtl. frisættelse fra alt verdsligt begær

Vasanas: Sindets under- eller ubevidste tilbøjeligheder, som ligger latent i vores "kerne", og udfolder sig når de bliver "modne." Opsamlet gennem flere reinkarnationer.

Upanishaderne: Nogle af Indiens allerhelligste skrifter. De udtrykker *Vedanta,* "enden på Vedaerne", *advaita vedanta:* den nondualistiske filosofi om enhedstilstanden. En tilhænger heraf kaldes Vedantin. Kathopanishad: Katha Upanishaden. Handler om Nachiketas dyst med døden for at opnå udødelighed.

Vedaerne: Indiens urgamle skrifter forfattet af oldtidens rishier(seere). Der er fire rig-, atharva, sama, og ayur-veda. Omhandler de tidligste samfunds organisation og religiøs praksis.

www.ingramcontent.com/pod-product-compliance
Lightning Source LLC
Chambersburg PA
CBHW071951100426
42736CB00043B/2781